Allitera Verlag

edition monacensia
Herausgeber: Monacensia
Literaturarchiv und Bibliothek
Dr. Elisabeth Tworek

Georg Queri

Kriegsbüchl aus dem Westen

Text der Erstausgabe von 1915

Nachwort von
Michael Stephan

Münchner Stadtbibliothek
Monacensia
Literaturarchiv und Bibliothek

Allitera Verlag

Weitere Informationen über den Verlag und sein Programm unter:
www.allitera.de

Mai 2014
Allitera Verlag
Ein Verlag der Buch&media GmbH, München

Umschlaggestaltung: Dietlind Pedarnig / Alexander Strathern
unter Verwendung der Illustration »Berittener Soldat requiriert zwei Kühe« (um 1915) von Ludwig Hohlwein © VG Bild-Kunst, Bonn 2013
Herstellung: BoD – Books on Demand
Printed in Germany · ISBN 978-3-86906-625-7

Inhalt

Anno Elf und Zwölf

Anno Elf, als der Krieg am Himmel stand

Im September 1911. Ich ging von Starnberg aus das Stünderl nach Söcking und setzte mich in der Bauernstube beim Schalperwirt zur Ruh. Sie sprachen alle vom Krieg. Nicht in der gelehrten Weis'; rein bäuerlich, phantasievoll und lustig. Und am 17. September stand's in der Zeitung, was sie sich erzählt hatten: in den »Münchner Neuesten Nachrichten«.

Hei, es gefiel ihnen nicht. Und mein alter Schulkamerad Polzmacher, heut wohlapprobierter Bader zu Söcking, ging hin, erstand Feder, Tinte und Papier und schrieb einen furchtbaren Brief an die Redaktion. Und feierlich kündigte mir dieser Brief Prügel an, zu beziehen in der Gemarkung von Söcking, tunlichst beim Schalperwirt und am besten an einem Feiertage.

Ich kam ...

Aber wir versöhnten uns nach der ersten Maß Bier; der Emslander von Starnberg hatte diese Maß zu gut, zu versöhnend gebraut. Ein gutes Bier, das Starnberger. Ich glaub, ich kann mich abermals auf seine friedliche Macht verlassen und getrost den Kriegsschrieb von Anno Elf heut wiederholen, am zehnten März, da die Vierzig Märtyrer im Kalender stehn, und im Kriegsjahr Fünfzehn.

Also ein Kriegsgespräch

Der Glasl: Da müaßn die Bauern dröschn, wann die Knecht im Kriag san. Allaweil geht's an die Bauern naus.

Der Klauberer: 's papierene Geld is koan Pfifferling mehr wert, wann's an Kriag giebt. Mei Liaber, da därfst glei einhoazn mit die Hunderter. Brenna guat, die papieran Zwanzgmarkstückl.

DER VÖSTL: Zu wem hilft denn der Ruß?

DER MOAR: Das is a ganzer Feinspinner, der Ruß! Anno Dreizehne is meiner Altn sei Großvater derfrorn z' Rußland hint.

DER ZUNTERER: Und zahln müassn allaweil mir. Allaweil der Baur. Koan Großkopfetn tean s' d' Roß net furt, das merkts enk. Aba mir müassn d' Roß hergebn.

DER VÖSTL: Zu wem hilft denn der Ruß?

DER MOAR: Mir verzählt neamd nix vom Kriag, dees konn ih enk sagn. Z' Batseillllles hint hab ih d' Kügerln pfeiffn hörn. Bruaderherz, dees muaß ma ghört ham! (Er versucht das Geräusch wiederzugeben.)

DER GLASL: Dem gschwollkopfetn Simmerl vergunn ih an Kriag. Da kann er Schwalangschehr (Chevauxleger) spieln. Aber seine Weibsbilder werd er dahoam lassn müassn!

DER KLAUBERER: Unsern Burgermoaster is aber noch nix bekannt vom Kriag. Unsern Burgermoaster müassn sie's fein ansagn, wann's soweit is!

DER MOAR (spöttisch): Den wern s' z'erst fragn!

DER VÖSTL: An Russn därf ma net traun, dees sag ih. Dees Anno Dreizehne darf ma net vergessn!

DER ZUNTERER: Und Anno Siewazg!? Han? Da sagt neamd was! Wo san denn die fünf Milliona March hinkomma?!

DER MOAR: Rindviech, kaiserlichs fünf Milliardn March! Dees is ein anderer Nummerer!

DER ZUNTERER: Dees is ganz gleich. Is vielleicht nur an oanzigs Markl auf Söcking komma?!

DER GLASL: Läus hat mei Bruader hoambracht vom Kriag.

DER ZUNTERER: Und da Schmied vo Hadorf hat a schlechts Gehwerk mitbracht vom Kriag. Sunst is mir nix bekannt, daß er was mitbracht hat.

DER GLASL: Von die fünf Milliardn hat mei Bruder nix mitbracht. Dees müaßt ih wissn.

DER MOAR: Z' Batseillllles hint hab ih mei Tabakdusn verlorn. Dee von mein' Großvatern mit'n silbern Bschläg.

DER VÖSTL (mit erhobenem Zeigefinger): Der Ruß! Der Ruß! Sunst sag ih nix!

DER KLAUBERER: Und der Engländer? Han? Der Engländer???

DER GLASL: Ah, der Engländer. Da werd's weiters nix ham mit'n

Engländer. Wo ja 's Meer dazwischn is so weit, daß an Teufl graust.

DER ZUNTERER: Weil's vielleicht koane Schifferl net giebt, han?! Einsteign und ruadern und numfahrn, net wahr?

DER MOAR: Und d' Torpetter därf ma net vergessn. D' Torpetter! Dees is ein ganz ein anderer Nummerer. Ih hab s' kenna glernt.

DER GLASL: Wo hast denn du an Torpetter kenna glernt?! Beim Fischer z' Feldafing!?

DER KLAUBERER: Mir san doch net ganz hirndamisch. Und bsuffa san mir aa net. Kaamat er mit die Torpetter daher.

DER ZUNTERER: Und überhaupts …

DER MOAR: Dir gieb ih nachat gleich: »überhaupts«!

DER VÖSTL: Wenn der Ruß daher kimmt, nachat werds es schon sehgn. Der Ruß is a Viech.

DER MOAR: So??? Und der Franzos!!! Wer moanst, daß da dees größer' Viech is? Moanst, mir ham an Gspaß ghabt Anno Siewazg!? Ös seids ja net mit!

DER GLASL: Na, dahoam san mir bliebn und ham recht zahlt, daßts ös recht lebn habts könna im Feld. Ham ma uns dappig zahlt.

DER KLAUBERER: Und wiats hoamkemma seids, habts nach der Pension gschrian. Grad Pensiona – der Baur zahlt's schon, der Baur.

DER ZUNTERER: Mir brauchn koan Kriag net. Is aso alls so teuer. Kauf amal an Habern! Was moanst denn, daß der Habern jetzt kost'!?

DER MOAR: Weilts koa Schneid net habts zum Kriag! Ös seids ja lauter Loamsieder!

DER GLASL: Wer Loamsieder?!

DER VÖSTL: Was Loamsieder?! Und derweil is er Anno Siewazg allaweil bsuffa in die Straßngräbn umanand glegn. Vor lauterner Tapferkeit.

DER MOAR (wütend): Dees sag nochmal …

DER ZUNTERER: A Ruah muaß sei!!!

DER KLAUBERER: Und überhaupts …

DER MOAR: Dees sag nochmal!!!

DER VÖSTL: Ja, weilst allaweil mit deine Torpetter daherkimmst! Und ih glaub amal net an deine Torpetter – – aber der Ruß …

DER GLASL: Jetzt hörst amal auf mit dein' Russn!

DER KLAUBERER: Und ih sag: der Engländer! Dees sag ih. Ös werds noch amal sagn, daß 's der Klauberer vorausgsagt hat.

DER ZUNTERER: Und wer muaß zahln!? Der Baur! Uns haun s' d' Steuern und d' Abgabn wieder nauf.

DER MOAR: Z' Batseilllles hint – –

(Jetzt erklingt die Aveglocke. Schluß der Unterredung; nur der Vöstl murmelt noch, während er das Kreuzzeichen macht: »der Ruß is a Viech ...«).

Der Balkankrieg

Anno Zwölf gleicherweise der Kriegslärm: Balkankrieg! Ich ging wieder nach Söcking und lauschte. Heut kommt's mir so vor, als ob die Bauern von damals recht prophetisch gesprochen hätten, und ich wiederhole, was ich am zehnten Oktober 1912 in den »Münchner Neuesten Nachrichten« schrieb:

DER GLASL: Han? Was sagts?! Dees is enk einer, der Nikalaus!

DER BENI: Ja, z' Montenegro hint – da san s' beinand, die Brüaderl. Lauter Montenegriner.

DER BADER: Hat allaweil ghoaßn: amal wern s' doch d' Läus auffressn alle mitanand. Da muaß ma sich täuscht ham.

DER MOAR: Dann wär a Ruah gwesn und Aus und Amen.

DER BADER: Jetzt is eahna 's Schaffleisch in' Kopf gstiegn, dees wo s' gstohln ham. Jetzt draahn s' auf.

DER GLASL: Bis eahna da Türk a Trumm Watschn hinhaut. A recht a ausgwachsne Watschn und schön rösch rausbachn.

DER BENI: Öha! A bißl langsamer! Da Türk schiaßt aa net schneller als wia der Preiß! Da Türk hat noch an kloan Wehdam z' Tripalis hintn!

DER MOAR: Is schon gar mit'n Wehdam. Hast'n ghört, an Italiener? Hat er net gsagt: san mir wieder guat mitanand!

DER BADER: Im Jahre Anno Siewazg ...

DER GLASL: Hör mir auf mit dein' Anno Siewazg! Da hat der Italiener nix z' schnabln ghabt. Und der Türk aa net. Deeselln Türkn und Italiener ham alle rote Hosn anghabt. Ih hab s' gsehng. Z' Batsailllles hint hab ih s' gsehgn, mei Liaba! Z'erst von vorn und dann von hintn.

DER MOAR: Hör mir auf mit deini Wulewuh. – Jetzt geht's türkisch zua. Jetzt is Konstantinopl Trumpf!

Der Glasl: So?! Und Bulgarien? Is dees vielleicht koa Trumpf net? Mir sollt oana kemma und sollt sagn, daß dees koa Trumpf net is!

Der Bader: Und der Serb werd aa a bissl mittarokn! Der Serb sticht mit'n Ober an König, dees hat ma ghört. Da sticht der Ober an König ab, z' Serbien hint.

Der Moar: Der Serb macht's Kraut net fett, dees merkst dir!

Der Glasl: Aber der Ruß!!! Hast es net ghört, daß der Ruß sein' Schnabl drin hat? Hat an großn Schnabl, der Ruß!

Der Moar: Hast du scho aa koan kloan Schnabl net! Hergehn und redn. Und wissn nix. Moanst denn du, daß der Österreicher dees leid't!? Aber scho durchaus gar net!

Der Beni: Ös habts bloß läutn hörn, aber net zsammschlagn. Ös wißts nix vom Engländer und nix vom Franzosn. Der Engländer hat gsagt ...

Der Bader: Der Engländer hat gar nix z' schnabln! Z' redn ham mir. Wann die Deutschn und die Boarn zsammhelfn ...

Der Moar: Mannsbild, spinnats! Die müassn schon zsammhelfn! Seit Anno Sechsasechzg san mir die Preißn zuagschriebn, dee merkst dir!

Der Beni: Und der Badenser und der Würtnberger aa. Wann s' in Berlin sagn: jetzt werd dem Türkn gholfn, dann müassn d' Boarn und d' Schwabn auf Konstantinopl einrückn. Da giebt's koan Radi.

Der Glasl: Mir waar's gnua! Die türkisch' Fresserei: an Bolenta und an Kafeh.

Der Bader: Und koan Zucker drin und koa Milli. Der Knecht vom Schwoager is z' Metz bei der Militari gwesn, da kriagn s' an Kafeh kohlrappnschwarz und koa Bröckerl Zucker drin.

Der Beni: Weil s' das türkisch Fressn lernat müassn. Weil dees scho ausgmacht is, daß mir amal hinterimarschiern zu die Türkischn.

Der Moar: Jh möcht net mit. Wann der Türk seine Weiber los laßt auf die Leut – mei Liaber, wo a jeder seine zwanzg Weiberleut hat! Dees is ausgmacht im türkischn Glaubn.

Der Glasl: Werst es schon wissn, warumst die Weibertn so scheuchst! Schneid halt amal deiner Altn d' Fingernägl ab ...

Der Moar: Han? Mei Liaber, gel, im Wirtshaus traust dir? Da geht dir's Maul als wia gschmiert! Aber dahoam, warum verlierst denn allaweil gleich die Sprach, wann dir dei Hausdrach an Kriag ansagt?

DER GLASL: Moar, paß auf, sag ih dir! Mehrer sag ih net! Ih sag bloß, paß auf ...

DER BADER: Ih möcht koa Türkischer net sei. Ös teats ja enkere oanschichtign Weiber schon ferchtn. Und zwanzgi san ausgmacht im türkischn Glaubn. Da taat aber a jeder schmirzhaft dreinschaugn.

DER BENI: Na werd er nix ausrichtn könna, der Türk. Bis er zu einer jedn Pfüatgood sagt von dene zwanzge, derweil is der Kriag gar. Die mögn sich ausredn, die Weiberleut.

DER MOAR: An mih hat die Meinige a Stund lang hindischputiert die vorig Wochn und bin bloß auf Münka gfahrn.

DER GLASL: Gel, Spitzbua, jetzt giebst es zua!

DER MOAR: Was gieb ih zua!? Nix gieb ih zua! Ih gieb bloß zua, daß dich die Deinig' in d' Hennasteign eisperrn taat, balst auf Münka fahrn möchst. Deessell gieb ih zua.

DER BENI: Fangts schon wieder an mit dem saudumma Streitn?

DER BADER: Und derweil is der Kriag gar.

DER GLASL: Oanfaltigs Gred! A Kriag dauert hübsch lang, dees mirkst dir!

DER MOAR: Heuntzutag? Mei Liaba, heuntzutag san s' gleich fertig. Von die Luftschiff werfn s' die Bombn abi, und herunt redn die Kanona. Das is eine laute Sprach, wo sich gleich a jeder auskennt.

DER BENI: Dees, kaam ja grad raus, als wann nur oaner redn taat. Wern die andern schon aa mitredn. Red't der Türk hin, redn die andern her.

DER BADER: Und wer 's letzte Wort hat, der hat Recht.

DER GLASL: Der wo den letztn Trumpf hat! Mei Liaber, an Trumpf muaß ma sich aufsparn und dees koan kloan'!

DER MOAR: Wannst es aber schon alle in der Hand hast, die Trumpf!? Alle Trümpf und noch a schöne Handkartn? Mei Liaber, a halbete Million Leut hat er, der Türk! Dees is a Solo! Herz hoaßt's – der Kaiser reit'!

DER GLASL: Und wo hat er nachat die Säu?! Han!? Dees muaßt dir merkn, daß der Franzos die Schellnsau is. Die Geldsau. Der schebbert ja vor lauter Geld, der Franzos.

DER BADER: Dann is der Engländer die Eichlsau. Schön gelb vor lauter Gift und Neid.

DER BENI: Bleibt uns noch die Laubsau. Weil mir wieder wartn wern, bis die andern 's Laub zsammgrechnt harn. Is nix mehr da für enk, werd der Engländer und der Franzos sagn, wenn s' an Türkn sei Sach sauber verteilt ham.

Der Moar: Wo bleibt dann der Östreicher, han!? Is dees vielleicht der Herr Niemand von Nirgadsher?

Der Glasl: Der Östreicher!? Dees is der Beli. Der Schellnsiebner. Der is grad recht beim Zwicka.

Der Moar: Oder was beißt mih! Da werd gleich auszwickt sein; da sagt der Italiener: wia ham mir's denn? Därf ih gar net mitredn?

Der Bader: Jaja – da kunntst net unrecht Ham. Der Italiener – der werd auch sein Wörtl sagn mögn.

Der Glasl: Na sagn halt die andern: mir könna net italienisch. No kapischko! sagn die italienischn Maurer allaweil. Wern mir's halt auch amal sagn müassn.

Der Moar: Und was nachat? Na geht der Weltkriag an! Nehmts amal a schöns gselchts Haxl und schmeißts es auf d' Straßn und san fünf Metzgerhund da, von die allergrößtn – was wern s' denn toa, als wia raffn!

Der Glasl: Jaja – der Weltkriag ...

Der Bader: Der Weltkriag!

Der Beni: Jaja – der Weltkriag – Kellnerin, zahln!

Der Bader: Bawett, ih zahl aa.

Der Glasl: Zahln, Bawett.

Der Moar: Zahl ih aa.

(Und verstummen und schleichen von dannen.)

Anno Zwölf im Juni: Der Zeppelin kehrt von Berlin zurück

Der Glasl: Aber zruck is er aus'm Breißischn, dees merkst dir!

Der Beni: Dumm werd er sei und werd drobn bleibn. Lauter Erdäpfl fressn und nix als wia Speck. Und nach an jedn Erdäpfl a Stamperl Schnaps. Ih geh, hat er eahm denkt.

Der Bader: Ih fahr, werd er gsagt ham. Dafür hat er sei Ballonschiff erfundn, daß er gsagt hat: ih fahr.

Der Moar: Werd eahm scho glei a Retourbillettl mitgnommen ham. Mei Liaber, ohne Retourbillettl fahrt neamd auf Breißn hinteri. Der Napolium hat eahm a Retourbillettl nachlösn müassn, im Jahr Anno Dreizehne.

Der Glasl: A solcher als wia der Zeppelin is überall geacht'. Der därf eahm scho auf Breißn traun. Und a Graf is er aa noch.

Der Bader: Ih kenn s' guat, die Grafn. Mih hat scho amal oaner nach'n Weg gfragt. »Bittschön«, hat er gsagt, »wo geht's denn da auf Maising umi?« Und is aber a Graf gwesn. »Bittschö«, hat er gsagt. So leschehr san s', die Grafn. »Da muaßt rechts umi und denk abi und hint auffi und vorn ohi, Herr Graf«, hab ih gsagt. »Dank schö«, hat er gsagt, der Graf, »dank schö«.

Der Beni: Werst eahm scho an falschn Weg zoagt ham, du Truckerlader.

Der Glasl: Der Zeppelin is ein ganz ein leschehrer. Ih hab amal a Bildl von eahm gsehn, da hat er a Plattn ghabt.

Der Moar: Hat scho der Bismarck aa a Plattn ghabt. Dee gscheidtn Leut genga alle die Haar aus, das mirkst dir.

Der Bader: Unser Lehrer hat aa a Plattn.

Der Glasl: Und der Schmiedramsl hat aa a Plattn. Aber koan Luftballon hat er fei net erfundn.

Der Moar: Aber daß der Bismarck a Plattn ghabt hat, dees muaß ma wissn. Und vorn drei Haar.

Der Beni: Aber unsern Lehrer sei Plattn, die is vom guatn Lebn. Schö warm haltn und kalt nachitrinkn. Wer zahlt's: allweil der Bauer.

Der Glasl: Du allweil mit dein »guatn Lebn«! Fahr du amal in die Luftschiff umanand, dann redst wieder vom guatn Lebn! Du Rindviech! Und werd dir schlecht und därfst net aussteign. Da werd's was ham mit dem Aussteign!

Der Beni: Da werd's weiter net viel ham! Auf die Meerschiff darf ma aa net aussteign. Links 's Wasser und rechts 's Wasser und hint und vorn schö naß. Da steig aus!

Der Moar: Redst scho wieder von deine Meerschiff? Du tragst deine Walgler hoam – hinum herum, allweil saudumm saudumm – deine Räusch san deine Meerschiff!

Der Beni: Aber grad fallt's mir ei, daß meine Rausch neambd nix angenga! Meine Räusch san meine Räusch! Und beim hoamtragn hast mir no net helfa braucha – oder??

Der Bader: A Ruah muaß sei!!

Der Glasl: Halt's Maul, Bader. Sunst laß ih dir an Zeppelin neiroasn – ih zahl's gern. Bis in d' Gurgl muaß er dir neiroasn.

Der Moar: Weil sih der Zeppelin von dir was anschaffn laßt, gel! Mei

Liaber, der laßt sih von neambd nix sagn. Heut wann er an Kriag anfanga will, na fangt er an!

Der Beni: Ih scheu's, dees Kriaganfanga! Z' Batsailllles hint …

Der Moar: Fangt er einfach an Kriag an und roast auf Paris hinteri mit sein Luftschiff und sagt: »Jetzt bin ih da, ös gschneckltn Pariser!«

Der Bader: Der kann aber schon franzesisch auch redn, der Zeppelin. Und is a Graf und sagt: »Boh schurr, mosjeh, awanti!«

Der Glas: Aber so dappat werd er's net rausbringa als wia du.

Der Bader: Dees franzesisch Redn …

Der Glasl: Halt's Maul, Bader. Dih werd er net fragn, wia ma redn muaß mit die Leut.

Der Moar: Aber scho gar neambd werd er fragn! Der fliagt in's England umi, bist dih umschaugst und is scho da aa. Der Zeppelin, mei Liaber – mehrer sag ih net!

Der Beni: Da werd nachat die Engländer 's Bier a bissl sauer vürkemma. Da wern s' halt umsunst die heilign vierzehn Nothelfer anruafn.

Der Bader: Dann hört sich's Englischredn auf!

Der Glasl: Hast du scho amal Englischredn ghört? Die böhmischn Maurer redn ja net englisch!

Der Moar: Mei Liaber, ih möcht fei koa Engländer net sei! Wann der Zeppelin kummt, dann nutzt eahna das vüle Geld nix mehr. Der Zeppelin pfeift auf die englischn Kronataler!

Der Beni: Oeha! A bissl langsamer! Dene Engländer könna mir fei noch lang net wechsln. Deeswegn hoaßn s' die Lord.

Der Bader: Und Schettelmann hoaßt ma s' auch. Ham vül Geld zum Auswechsln, mei Liaba. Ih hab amal …

Der Glasl: Da werd glei ausgwechslt sei, wann eahna der Zeppelin ebbas auf die englischn Köpf falln laßt!

Der Bader: Wann s' aber auffischiaßn, han!?

Der Moar: Auffischiaßn! Auffischiaßn! Moanst, der Zeppelin fürcht' sih? Ja, was waar denn net dees! Schiaßts nur auffi, werd er sagn, ös englischn Schedlmann!

Der Bader (mit Betonung): Schettelmann hoaßt's.

Der Moar: Aber was eahna nauffliagt, dees fliagt auf'n Schedl, dees mirkst dir. Und fürchtn tuat er sih net, deessell sag ih!

Der Glasl: Weilst net drin sitzst in demselbign Luftschiff, gel!

Der Moar: Sitzt ja du aa net drin! Dih tät er schon net reinlassn, daß eahm's Luftschiff net scheu werd.

DER GLASL: Und dih tät er net reilassn zwegn dein Bauch. Oeha, tät er sagn, da kemma ja glei vier auf oamal.

DER BENI: Ih möcht gern mitfahrn. Auf der Stell tät ih einsteign.

DER BADER: Aha, möchst deiner Altn ausreißn. Geh nur zua, tät s' sagn, bist glei vergessn.

DER MOAR: San schon die höchstn Herrn mit'n Zeppelin gfahrn, Kaiser und Kini und Fürstn. Paßts nur auf: der Papst z'Rom, der fahrt schon aa no amal mit!

DER BENI: Hoch auffi, daß er besser mit unsern Herrgott dischkeriern konn.

DER GLASL: Kunnt er glei wegn der Ernt a bissl redn. Daß er d'Erdäpfl net wieder so austrockna laßt als wia's vorder Jahr.

DER BADER: Und wegn die Steuern, daß ma s' noch derzahln könn.

DER GLASL: Ih kauf mir an Luftballon. Wenn der Steuerbot kimmt, fliag ih furt.

DER BENI: Auffischiaßn, auffischiaßn!

Ein Fremder (*tritt ein*).

DER BADER (*leise*): Pssst! Pssst! A Fremder …

DER BENI: Bawett, zahln!

DER GLASL: Zahl ih aa, Bawett!

DER MOAR: Ih zahl aa.

DER BADER: Adjes …

Mobilmachung

Mobilmachung in den Bergen

Oberammergau. Schön, wunderschön ist das sommerliche bayrische Land. Und die Berge blauen und machen den Abschied schwer.

Und die Musik spielt.

Der feierliche Zug durchs Dorf. Es schluchzen Frauen. Englische Weiber im Passionsdorf – ein paar heulten mit. Die andern pressen die Lippen über den langen Zähnen zusammen und erwägen unruhig den fürderen Lauf der Dinge. Muß man die Koffer packen? Ja, packt. Und packt euch. Und kein Wiedersehn. Warum seid ihr so häßlich, ihr englischen Weiber? Wie englisches Gemüt, nach außen gekrempelt. Geht doch schon!

Herrgott, ist das Bergland schön! Muß der Himmel heut dieses feine Sonntagsgesicht aufstecken? Und wie der blaue Berfrieden über dem Tal liegt …

Und die Musik spielt.

Man horcht mit dem Herzen. Die Ohren sind betäubt von Abschiedsrufen und vom lauten Weinen. Man flucht mit dem Herzen. Die Zähne sind zusammengebissen. Wer ist schuld? Herrgott, wer hat dieses Elend heraufbeschwören können!

Und die Musik spielt.

Die kleine rothaarige Frau schluchzt zum Gotterbarmen. Das Kindl unterm Herzen – der Mann rückt aus. Sie kann's nicht fassen; ihre Hände umklammern die seinen, und ihr Elend greift nach seinem Herzen. Da hat er's schon naß in den Augen, und da kollern eine paar Tränen in seinen derben roten Bart. »Adjes …«

Er eilt in den Wagen.

Die kleine rothaarige Frau will aufschreien und kann's nicht. Die Kraft zum Schreien ist weg. Und alles dunkel und alles trübe. Als wenn die Frauen voraus ahnen könnten: er fiel als erster. Johann Nepomuk Uhl, am 27. August 1914 bei Ménarmont; Kopfschuß. Ein Elend.

Drei, vier versuchen's mit einem Juhschrei. Kein Echo. Schweres, schweres Schweigen. Eine Frau hält ein kleines Kind hoch. Die Arme zittern. Wieder ein Juchzer. Einer von den alten rafft sich auf. »Hauts fein föst zua!«

»Hurra!« Ein fremder Knecht schreit's. Er hat sein lustigstes Gesicht aufgesteckt und freut sich der Zigarren, die man ihm zugesteckt hat. Geht leichten Herzens, hat keinen Vater, keine Mutter. Nicht einmal einen Schatz. »Hurra!« Der Bahnhofswirt bringt ein Dutzend Bierkrüge. »Zum Adjes!« Der Knecht wieder: »Hurra, hurra!«

Und die Musik spielt.

Herrgott, was für prächtige Burschen ziehen ab. Die berühmten langen Oberammergauer Kerle. Schnitzer, Holzknechte, Bauern, Jäger.

Und die Musik spielt.

»Hauts fein föst zua!« Wieder der Alte. Veteran von Siebzig. Seine Augen leuchten durch ein paar dicke Tränen durch. »Hauts fein föst zua!«

Der Zug fährt.

Ist das ein Schluchzen …

»Muetter, bi staad!« mahnt der alte Jörgele und nimmt seine alte Bäurin am Arm. »Gehn mir halt wieder hoam, Muetter!«

***

Sie liegen in den Wagenfenstern und beschauen das schöne Land der Heimat. Rechts ragt der Kofel wie ein Wartturm. Im Kofel wohnt das Kofelweibele, in einer Höhle. Ein gutes Weibele, bringt die kleinen Kinder, heißt's.

»Die wird fleißig laufen müssen und Kindl bringen! Wann soviel weggehn. Die kommen nicht alle wieder.«

»Wer weiß. Ich glaub nicht, daß ich fall. Ich kann's einmal nicht glauben.«

»Du, aber ich komm nimmer heim, das sag ich dir. Das weiß ich für gwiß. Ich hab's von einem Traum.«

Hinter dem Kofel, breit aus dem Graswanger Tal steigend, der Rükken der Not. Links der Laaber, der Aufacker.

»Jetzt kann ich's ja sagn: auf den Aufacker hab ich einmal die Büchs' hinauftragen. Wann ich wieder komm …«

»Weißt, da mußt noch einmal recht fest hinschauen. Und dann die Augen zudrucken. Gel, jetzt siehst es auch noch, mit zugedruckten Augen? Das hält fest. Und kommt ein Kügerl, druckst noch einmal die Augen zu, und dann siehst wieder alles wie beim Fortgehn. Und dann adjes ...«

Hinter Kohlgrub: »Jetzt! Jetzt kommt das Ettaler Manndl raus! Über der Not liegt ein Wölkerl. Die werden wohl daheim kein Wetter kriegen! Wenn sie nur alles schön hereinbringen. Die Mutter arbeit' sich nimmer leicht. Is halt schon alt.«

»Ich geh gern naus, so hart es is. Drei Kinderlen hab ich daheim! Drei Kinderlen! Meinst, daß die Hunger leiden müssen? Du, daran darf ich gar nicht denken ...«

»Von unsere Ross' ham sie gleich vier weg. Die braune Stuten tragt, um die tut's mir am meisten leid. Wenn die vor eine schwere Kanon kommt, das kann sie nicht mehr dermachen. Jetzt wern sie daheim halt die Küh einspannen müssen. Und müssen halt ein bissl zusammenhelfen. So wenig junge Leut sind dablieben. Da wenn nicht ein jeder richtig zugreift!«

»Der Lenz hat gestern noch gschwind gheirat'. Vier Jahr lang is er mit ihr gangen. Das Kind is schon zwei Jahr alt. Alle Leut sagen, das is schön von ihm, daß er sie noch schnell geheirat' hat.«

»Die vom Ettaler Kloster müssen auch mit. Dreißig in der Kutten, obst es glaubst oder nicht.«

»Was wißt ihr vom Krieg! Ich bin bei der Fremdenlegion gwesen! Leutl, ich muß an die französisch Grenz! Wenn ich denen in die Händ fall, dann is's aus. Meints ihr, ich laß mich lebendig erwischen? Schauts euch einmal den Revolver an, den hat mir der Pauli gschenkt, die kriegen mich nicht lebendig. Was glaubts denn, wie die mit einem Desertehr umgehn täten!«

»Mein Stutzen wär mir lieber als wie die Militärlatten. Da könnt ich hinhalten, was nur hinhalten heißt. Es tät mir schon kein Schuß daneben gehn – kleinweis wegputzen einen um den andern. Was brauchen denn die einen Krieg machen, die Schlawiner, und grad in der Blattzeit!«

Sie lagen in den Wagenfenstern und schauten nach den Bergen, bis sie in der Ferne verschwanden. Dann saßen sie still und zogen an ihren Zigarren.

***

Die Straße, die neben dem Schienenweg nach Murnau führt, war mit Pferden überfüllt, die vom Gestüt Schwaiganger ihren Bestimmungsorten zugeführt wurden. Sie gehörten mit in das kriegerische Bild dieser Tage. Schöne Militärpferde.

»Die können gleich gar nichts dafür, die Ross. Und werden auch derschossen.«

»Wir können auch nichts dafür. Auf uns wird auch geschossen wern.«

»Gibt's denn gar keine Gerechtigkeit mehr!«

»Meinen tät man, der Himmel müßt einmal einfallen. Alles braucht er sich ja auch nicht gefallen lassen, der Herrgott.«

»Ich wenn der Herrgott wär …«

Endlich Murnau. Schon gibt's Gerüchte aus der Hauptstadt, so toll und abenteuerlich, daß man sie ungläubig abwehrt. Der überfüllte Zug hallt von Meldungen wieder, die den Stempel der Kriegszeit tragen, überall Revolution! Überall Mord und Tod und Brand! Und Spione überall.

»Ich wann einen Spion erwisch! – – –«

»Wenn aber die Russen eine Revolution kriegen, dann wird der Krieg gleich gar sein!«

»Aber Frankreich!!«

»Frankreich, das kriegt am allerersten seine Revolution. Wirst schon sehen, die Franzosen mögen ganz gern eine Revolution machen. Dann krageln sie den Präsidenten ab, und der nach ihm kommt, der denkt sich: auweh zwick, die täten mich auch abkrageln – ich mach einen Frieden!«

»Wann's so wär! Ich glaub's nicht. Dann tät ich ja bis zur Hirschbrunst wieder heimkommen!«

»Die Serben, die wern extrig verhaut. Da darf's keinen Frieden geben mit der Bagasch, der windigen!«

Tutzing. Der Zug macht eine lange Haltepause und wartet auf den Penzberger Anschluß.

Endlich. Er bringt steirische Bergleute aus Penzberg. Sie kommen ihrer Landsturmpflicht nach; einige sind schon in Uniform.

»Hurra, Landsleut!«

»Hauts die Russen!«

»Mir wern s' schon haun! Und die Serben wern mir auch haun. Und wann noch so eine Bagasch Prügl möcht, die soll nur kommen!«

Starnberg. Ach, der schöne See. Und der feine Tag. Sieht alles nicht nach Krieg aus – warum denn der Krieg, warum denn der Krieg!

Pasing, überall bewaffnete Eisenbahner, die die Strecke hüten. Sollen schon Spione dagewesen sein, die versucht haben … Drei Klosterfrauen mit Bomben unter ihren Gewändern … Nein, fünf Klosterfrauen!!!

Ein Zug mit feldbereiten Soldaten rollt vorüber. Endlos lang. »Hurra, hurra!« Und wieder ein Zug. Und nochmal einer. »Hurra, hurra!«

Und vor der Hackerbrücke löst sich der mächtige Schlachtgesang aus:

»Es braust ein Ruf wie Donnerhall ...«

Münchner Bahnhof. Es warten Frauen. Weinende Frauen.

Warum denn der Krieg, warum denn der Krieg?

Und warum fällt der Himmel nicht ein?

Brunnenvergiftung

So ein schlechter Kerl!

Er hatte mehrere tausend Zentner Zyankali in seinem Rucksack, nach anderen Behauptungen Typhus- oder Cholerabazillen, und fuhr über Holzkirchen nach Darching und ging der Mangfall zu. Und da liegt das Quellengebiet der Stadt München, das Bier im Urzustand, ihr müßt euch das einmal ansehn. Noch kein Hopfen und kein Malz drin; und doch trinkbar, und viele Leute loben's sehr. Ich selbst versteh nicht viel vom Wasser. Aber der schlechte Kerl schüttete sein Zyankali hinein, rührte mit einem dürren Buchenstecken um und sagte: »Prosit, zum Wohlsein, gsuffa!« Und ging, der schlechte Kerl.

Dies geschah aber am Nachmittag des dritten August, und am vierten August wußte es bereits ganz München. »Das Wasser ist vergiftet! Ein schlechter Kerl hat mehrere tausend Zentner Zyankali hineingetan!«

Die Wassermädel in den Kaffeehäusern wurden leichenblaß. Die Kathi, die Stasi, die Zenzi und die Beppi sagten gleichzeitig: »Jetzt werd ih halt den Meinigen vergift ham!« Sie schluchzten laut auf und schauten ihren Herrn Doktor bekümmert an – unmöglich wird ein Herr Doktor sich nach solchen Geschehnissen mit dem Examen beeilen, um dann um die liebe Hand zu freien, die ihm das Gifttränklein bot. Beim Bayrischen Donisl legten sie die Weißwürste in kochendes Bier ein, und die Knödl im Augustiner wurden in Essig gesotten.

Die Brauer – sie brauten weiter.

Der Spaten sagte: »Dumms Zeug. Saudumms Weibergschwätz! So an schlechten Kerl gibts ja gar net, daß er hingeht und geht her und schmeißt Gift ins Wasser. Wo a jeder woaß, daß ma a Bier draus machn kann!«

Der Pschorr: »Hast noch allaweil recht ghabt, Spatn! Ih siad weiter, meiner Seel!«

Der Leistbräu: »Bräumoaster, tua amal 's Wasser versuachn, ob's wirkli vergift is ... Ih glaub's net.«

Und sie sotten alle weiter.

Das war mein Glück. Denn am fünften August geriet mein rechter Eckzahn infolge einer Kalbshaxen in Unordnung. Die Schmerzen waren unerträglich, und ich ging in die Theatinerstraße zum Zahnarzt Karl.

»Raus muaß er!« Ich sagte das mit großer Tapferkeit; aber dann bat ich ihn, aus seinem Gedächtnis zu wischen, daß ich ihm beim Knobeln mehrere Male weh getan hatte. Auch die drei Mark siebzig vom letzten Tarok, nicht wahr? Er vergaß zwei von den drei Fällen, in denen er beim Knobeln verloren hatte; auch von den drei Mark siebzig strich er einen Teil aus seinen Stammtischerinnerungen und brach mir dann den starken Eckzahn weidgerecht heraus.

»Ausspülen!« sagte er dann kurz und mit einem merkwürdigen Nachdruck. »Ausspülen!« Und drückte auf eine Klingel. Wer erschien? Ein Dienstmädchen erschien und trug zwei schöne Maßkrüge. Einen drückte mir mein Freund Karl in die Hand; den andern behielt er selber.

»Na, prosit, zum Wohlsein!«

Ausgezeichnetes Bier. Sie hatten beim Franziskaner eben frisch angestochen. Und ich spülte die Wunde im Kiefer. Das weiß ich natürlich nicht mehr, ob diese Spülung kunstgerecht war. Ich glaube nicht. Denkt euch: wer wagt es, frischangestochenes Märzenbier auszuspucken!

Und der Krug wurde leer. Jetzt fiel mir's ein: »Ja, warum denn mit Bier!«

»Die bakteriologische Untersuchung is noch net abgeschlossen. Wir dürfn halt vorläufig net mit Wasser spüln. Tuat mir leid. Is Ihnen gwiß recht unangenehm gwesn!« –

Bei meinem heiligen Ernst: die Geschichte ist wirklich wahr.

Die Spione

Damals gab's außer den furchtbar vielen Bazillen und Giften auch massenhaft Spione. Sie waren teils als Nonnen, teils als Pfarrer verkleidet. Menschliche Lebewesen in Röcken. Jeder Schusterbub wußte, wenn er keinen Schmalzlertabak im Hirn hatte, daß sich da wieder amal a

Mannsbild verkleidet hatte. Warum verkleidet, han? Im August is doch keine Fastnacht net, net wahr? Warum nachher verkleidet, han? »Aber da kann man schon helfen. Das kriegn wir glei raus!« Und – wuppsdich – mit Daumen und Zeigefinger ins Haar des Spions gefahren!

Selten, daß nicht eine Haarpartie dabei mitging. Oft nur einige wenige Härchen, manchmal schöne vollständige Lockengebinde, wie sie für die Herren Spione bei jedem besseren Friseur zum Aufstecken zu haben sind. Hie und da eine ausgiebige Kopfbedeckung, besonders bei sattem Rot und bei ganz lichtem Blond – man bekam den Skalp ganz und gar in die Hand.

Und somit war wohl der Beweis erbracht. Es erübrigte sich nur der Schrei nach dem Schutzmann. Ach, damals kam kein Münchener Schutzmann aus dem Schweiß. Die Schutzmannsfrauen kochten doppelte Portionen, und die Schutzmannskinder liefen atemlos mit den Maßkrügen, mit den leeren hin und mit den vollen her. Großes leisteten unsere Schusterbuben in diesen Tagen fürs Vaterland. Und die Buchhändler legten viele, viele Bände Detektivgeschichten auf: »Die Masken des Sopranowitsch«, »Die Frau im Schleier«, »Hinter Puder und Schminke« und ähnliche schöne Sachen, aus denen man viel für die Entlarvung von verkleideten Spionen lernen konnte.

Es war eine interessante Zeit.

Mich wundert's, daß in solchen Tagen jemand lebensüberdrüssig werden konnte. Aber es geschah wirklich, und der Volksmund der Stadt München erzählte damals allgemein die folgende seltsame Geschichte:

Also, der Mann war lebensüberdrüssig und ging hin und machte den in solchen Fällen üblichen Weg nach Großhesselohe. Eine mächtige Brücke streckt sich da über die Isar, Dutzende sind da schon hinabgesprungen, bis man endlich einen Schutzmann zur Bewachung hinstellte.

Und als der lebensüberdrüssige Mann an die Brücke kam, ging der Schutzmann auf ihn zu und sprach: »Sie, das is fein hier verboten!«

»Schade!« sagte der lebensüberdrüssige Mann und sah wollüstig in die Tiefe.

Der Schutzmann hatte Mitleid. »Tuat mir recht leid«, sagt er, »aber ih därf da keine Ausnahm nicht machen. Können's denn das Gschäft net dahoam verrichtn?«

»Ich pflege nicht zu wohnen.«

»Auweh! wann Sie keine Wohnung nicht ham!« brummte der Schutzmann und ärgerte sich. »Aber wenn ich Ihnen an guatn Rat gebn därf: gehn S' auf den Marienplatz und schrein S' a bissl Hoch Serbien!«

»Nein, nein!« wehrte der Mann ab.

Der Schutzmann ereiferte sich: »Warum denn net! Nur koan langsamen Tod net, sag ih allaweil. Und wann ich amal stirb: grad schnell muaß's geh! Sie: hoch Serbien, wann S' schreien, das geht aber sei schnell! Ah!«

»Nein, nein!« sagte der Mann.

Der Brückenwächter dachte nach. »Können S' vielleicht a paar Wörtl englisch? Sie, das wär auch kein langsamer Tod!«

»Ich kann nicht englisch«, sagte der Mann.

»Ja, was könna denn nachher Sie!?« sagte der Schutzmann entrüstet. »In München kann doch a jeder a paar Brockn englisch. Was waar denn net dees! Mixbickl aalrait Schentelmann Ledi und inglisch Schbucken und ah yes Miß – Sie das wär' ein schöner und schneller Tod, wann Sie das könntn. Brauchen S' nur aufn Marienplatz gehn, wann die Wacht am Rhein gespült wird!«

»Nein, nein!« sagte der Mann.

»Oder als englischer Spion!« trumpfte der Brückenwächter auf. »Ham S' koa karrierts Gwandl dahoam? Im Tal kriagatn Sie's billig, bei der Goldenen Neunzehn. San ja nimmer in der Mod, dieselbign Gwandl. Oder gengen S' zu der Frau Mittermayer in d' Westenriedergassn. Wo immer die Maschkera herleiht im Fasching. Ih hab selber amal an englischen Mylord gmacht beim Maschkerageh. Koa Mensch hätt mih kennt. Is aber auch ein ganz echtes Gwandl gwesn und hat ein Fufzgerl kost pro Tag. Ah, is der Zylinder hoch gwesn! Grau war er, und ein Bandl is runterghängt. Sie, dees wär ein Gwandl für Eahna! Und ein schöner und schneller Tod!«

Diese und andere schöne Historien erzählte man sich damals in München.

Abschied vom Stammtisch

Jetzt war er feldgrau geworden und gab uns der Reihe nach die Hand. »Adjes ...«

Der Klang seiner Stimme war ein anderer geworden. Ich schaute auf: der Mann war gestern noch die Null am Stammtisch. Zahm und langweilig. Heut waren wir die Nullen. Er zog aus – wir Alten blieben.

Ich sah ihn an, als ob er mir zum erstenmal begegnet wär in meinem Leben. Er stellte sich mir innerlich vor, von seiner fremdesten Seite. Er sprach von einem kleinen Mädel. Er hätte sie angelogen: erst übermorgen ging's weg. Aber schon in zwei Stunden sei der Abmarsch. Ob ich ihr nicht was Nettes sagen könne? Er tät sich etwas schwer in solchen Dingen. Und grad in dieser Zeit und dann die Heulerei, nicht wahr? Dabei würgte es ihn selbst am Halse.

»Nur hinaus, nur hinaus! Bin ich froh!«

War er seit gestern gewachsen? Und seine Augen schauten ganz frei; ich hatte ihn früher für einen Duckmäuser gehalten.

Eine Bitte hatte er noch. Er sei den ganzen Vormittag von einem Bekannten zum andern gelaufen – ob wir ihm am Ende nicht helfen könnten?

»Brauchst …?« sagte einer vom Stammtisch lächelnd und rieb den Daumen am Zeigefinger.

»Nein«, wehrte er verlegen ab. »Aber meine Bude, nicht wahr? Und meine Hauswirtin, die tut sich halt so schwer. Zwei sind schon weg. Und jetzt ich auch noch. Und vom Vermieten muß sie ja leben, die Frau, nicht wahr? Und vielleicht wißt ihr jemanden, der gerade eine Bude sucht? Die eine billige neben der meinen hab ich heute schon einem aufgehängt, aber die andern zwei! Und ich hab nur mehr zwei Stunden Zeit – ich muß noch soviel besorgen; das ging ja alles so plötzlich …«

Die Stammtischnull – ein Kerl von bester Art. Und zog aus, und wir Alten blieben.

Am Bahnhof die Mädel

Aus dem Fränkischen war ein alter Stammtischgenosse heruntergeeilt nach München. Rechtsanwalt. Aber noch nicht ganz gesetzt: etwas Inaktiventyp und voll Lebenslust gerade jetzt wieder, da er in seine Universitätsstadt zurückkehrte. Mit dem Leibregiment zog er ab. Hunderte von Mädeln am Bahnhof. Ein rundes Dutzend schrie gleichzeitig seinen Namen.

Er guckte sie alle fröhlich an und sprang dann plötzlich aus der Reihe. Jetzt küßte er eine, jetzt die andere. Und jetzt hatte er sie alle der

Reihe nach geküßt und stieß einen Juhschrei aus, so hell und stark, daß er das Gebrüll der Menge übertönte. Dann sprang er wieder in Reih und Glied ein und marschierte vorwärts.

Ein rundes Dutzend Mädel heulte.

Es guckte keine nach der andern. Rivalinnen? Wer dachte in dieser Stunde an Rivalinnen? Er zog fort.

Kriegstrauung

Mittags kam der Mediziner zum Essen – in Feldgrau. Zum erstenmal brachte er sein Mädel mit an den Stammtisch.

Ich kannte das kleine nette Ding – sie war sehr hübsch und etwas zart für ihren Beruf: sie bediente im Bürgerbräu. Ein lieber Kerl und in Summa die Münchner Kellnerin besten alten Schlags; gefällig, munter und rasch bei der Arbeit. Zum groben Witz und zur Vertraulichkeit große Augen und ein leichtes Fältchen – der grobe Gast wurde verlegen.

Ach, daß diese Art nie aussterben möge! Der junge Mensch an der Alma Mater gesundet an ihr: an einem Naturkinde. Sie ist Warnerin und Bewahrerin durch die Semester hindurch; dann zieht der Student ab. Und dann kriegt das Mädel die erste feine Falte um den Mund … Und schwer vergeht ihr die Zeit, und langsam heilen die Wunden. Vergessen? Nie. Aber sein Bild hängt umflort. Sie söhnt sich langsam, langsam aus. Und ergibt sich ins Geschick und arbeitet, arbeitet. Bier schleppen, Bier schleppen, laufen, müde werden in tiefer Nacht. Und tiefer schlafen. Und alt werden.

Während ich dem feldgrauen Mediziner die Hand drückte, gingen mir die alten, alten Geschichten durch den Kopf. Ich sah zerstreut nach seinem Mädel – sie war fröhlich wie immer und hatte zum Abschied ihr nettestes Lachen aufgesteckt. Ein guter Kerl, die Kleine.

»Girgl!« Der Mediziner schüttelte meine Hand kräftiger. »Was hast denn!? Paß auf: ich stell dir meine Frau vor!«

»Ja«, lachte sie. (Herrgott, kam das aus tiefer, tiefer Seele heraus.)

Nottrauung. Braver Kerl, der Mediziner. Zwei der Kellnerinnen drängten sich an den Stammtisch und begrüßten die kleine Kollegin stumm. Hatten alle zwei Tränen in den Augen.

Dinge am Kriegsrand

München

Das Leben der Stadt geht unterm Zeichen der Gemütlichkeit weiter. Fern vom Kriegslärm Stammtischdebatten; Wissende, Besserwissende, Eingeweihte und Leute mit »Beziehungen«. Lob und Tadel in kräftigen Dosen; die Kommentare zu den Depeschen verklingen in hellem Jubel oder ersterben im müden Miesmacherton. Nie las man so viele Zeitungen. Und nie so Zeile für Zeile. Und zehnmal im Tag läuft man zu den »Neuesten«: wieviele Russen haben sie angeschlagen? Nix Neues vor Verdun? Und was tut Italien? Und warum schlägt man den Fall von Belfort nicht an? (Welcher nämlich ein offenes Geheimnis ist.)

Der Mayer kommt.

Niemand kann die Stirne in so viele Falten legen wie der Mayer. Und sein Gruß ist in der letzten Zeit kurz und fast klanglos geworden. Das Bier schmeckt ihm nicht mehr. (Von achtzehn Krügeln ist er auf siebzehn heruntergekommen!) Das Schweinshaxl ist versotten. »Wo is denn wieder 's Salz!? Ih kauf euch amal an Zentner.« Die Kellnerin läuft erschrocken umher.

»Was hast denn, Mayer?«

»Mein Ruah!« Und schwermütig verzehrt der Mayer sein Haxl. Dann zwei gselchte Würst in Essig und Öl. (»Recht viel Zwiebel drin!« hat die Kellnerin am Bufett geschrieen, weil sie den Mayer recht zufrieden stellen will.)

»Habts mir wieder keine Laugnbretzn net aufghobn!? Wia oft muaß ih denn dees noch sagn?!«

Aber die Marie ist schon da mit der Laugenbretzel.

»Jaja.« Und tief seufzt er auf, der Mayer.

»Was hast denn!?«

»Mein Ruah möcht ih.«

Gut, läßt man ihm seine königlich bayrische Ruh, da fängt er von selber an, das schwere Herz zu entlasten, und reibt eins unsrer Infanterieregimenter mit einem einzigen Satz vollständig auf.

»Is ja gar net wahr!«

Da wird er fuchsteufelswild. »Wer sagt, daß's net wahr is!? Han!? Mir kann's ja recht sein, wann's net wahr is. Aber indem daß ich dann wissn muß, woher daß man das weiß, daß es net wahr is!!« (Wenn er hochdeutsch spricht, der Mayer, dann weiß man, daß er sehr grimmig ist.)

Und alles schweigt, und alles legt die Stirnen in Mayersche Falten. Wenn's halt der Mayer sagt ... (Und sein ältester Bub ist auch eingerückt und ist Diener bei einem Stabsarzt; ich glaub, ganz weit hinten im Elsaß in einer großen Stadt. Der erfährt doch allerhand da hinten im Krieg.)

Der Huber kommt, »'ss Good, meine Herrn!« Ach, wie kann der Huber so fröhlich sein bei diesen Zeiten.

»'ss Good, hab ih gsagt, ös grantign Rollmöps! Und hurra: zwanzgtausnd Engländer ham s' derwischt!«

Der Mayer: »Is das angschlagen bei die Neuestn!?« (Er tut äußerlich ruhig, aber in seinem Innern kocht's. Ich kenn' ihn.)

Der Huber (beunruhigt): Angschlagen is's noch net, aber ...«

Der Mayer (ziemlich laut): »Was aber!?«

»Aber es werd schon noch angschlagn wern, net wahr? Mir hat's halt a Herr erzählt, net wahr?«

»Was für ein Herr!?« (Auweh, spricht schon wieder hochdeutsch, der Mayer.)

»A Herr halt, in der Trambahn. Ih kenn doch net alle Herrn, net wahr? Guat is er anzogn gwesn ...«

»Da Herr auf der Trambahn!! Soso, da Herr auf der Trambahn – den kenn ich schon! Das wann ich immer hörn muaß: der Herr auf – –«

Der Huber: »Kruzinesn, jetzt hörst amal auf!«

Der Mayer (plötzlich wieder sehr ruhig): »Ja, man därf keinen Spaß nicht machen in dieser ernsten Zeit. Und wo sie ein ganzes Regiment von uns aufgriebn ham, net wahr? Gel, davon hat Ihnen der saubere Herr in der Trambahn nix gsagt, daß ein ganzes Regiment von uns aufgrieben worn is, gel?«

Die Marie, die empfindsame Kellnerin, schluchzt laut auf.

Der Mayer ist jetzt befriedigt. Mit gütiger Stimme sagt er: »Marie, bring mir noch a Bier. Aber wenn mir der Banznbaron da hintn wieder so a Bortn naufmacht ...«

***

Jetzt sind sie beim Weltverteilen angelangt. Der Wirt hat die allergrößten Landkarten, die überhaupt aufzutreiben sind. Auf denen wird also die Welt verteilt.

Von Rußland bleibt noch ein Stückl übrig. (Der Einspruch des Herrn Niederhofer wurde gründlich widerlegt und abgewiesen: ein Stückl Land muß man den Russischen lassen.) Bayern wird ein Kolonialreich. Der Brettlbacher war sehr dafür, und der Schmied Pauli, der im Vorjahr die Fahrt nach Helgoland mitgemacht hat und etwas von diesen Sachen versteht, schlägt die Insel Madagaskar als erste Erwerbung vor.

Der König Albert von Belgien wird König von Frankreich. (Aber das Schampaningerland muß er uns abtreten, meint der Huber.) Behufs schnellerer Beendigung des Kriegs wird in die feindlichen Länder die Revolution getragen. In Paris machen die Bäcker einen Aufstand, in London die Maurer und Zimmerleut. In Petersburg die Schenkkellner. England fängt außerdem an zu hungern. (Was man von einem Unteroffizier vom Leibregiment weiß.) Bei uns werden Bierkarten eingeführt. Und ein K-Bier wird gesotten werden. (Ein Hartschier weiß es für ganz gewiß.)

»Den Hindnburg müassn mir nach'm Westn schickn. Der woaß, wo Paris liegt.«

»Ja, der Hindnburg …«

»Der Hindnburg halt …«

»Ih hab's allaweil gsagt: der Hindnburg …«

Pause. (Auch Strategen werden einmal müd.)

Der Straffer schüchtern: »Was is's nachat heut mit unsern Tarok? Es is fei schon halber Neuni!«

Der Mayer: »Bei dene Zeitn …«

Der Huber: »Hast du net gestern wieder vier Mark gwunna!?«

Der Pauli: »Vier Mark fufzgi!«

»Mir könna ja a ganz an billign Haferltarok spieln. Setzt a jeder zwoa Markl zsamm!«

»Zwoa Markl – dee san ja in ana halbn Stund heraus!«

»Ah was, spieln ma aus der Hand!«

»Und paßts auf: der Gwinnst muaß abgliefert wern. Für die Hinterbliebenen.«

»Na, für's Rote Kreuz.«

»Na, für die Hinterbliebenen.«

»No ja, is recht. – – Wo is alsdann die Kartn so lang!!??«
Die Marie lauft, und der Tarok beginnt.
Der Mayer verliert: Etwas über die sieben Mark.
»Ganz recht gschiehgts dir! Wenn oaner glei ganze Regimenter aufreibt, da hoaßts zahln, mei Liaber!«

***

Eines Tags hielt ich's nicht mehr aus.
Und packte meinen Rucksack und fuhr nach dem Westen.
Da war der Krieg …

Nachtfahrt im Fortbereich von Metz

Ich fahre an der Lothringer Grenze hinauf nach Metz. Will es märzen? Unsichtbare laue Nässe vom Himmel; verstohlen blinkende Sterne und warme Lüfte, als ginge die Fahrt in südliche Striche. Aber links drüben weiß ich die Cote Lorraine breit und stumpf über der Hochebene ragen, und manchmal rollen die Salven einiger Batterien nördlich von Toul um Pont-à-Mousson herum. Ihr Lärm vermag hierzulande nicht mehr zu schrecken. Die Metzer Südforts bleiben ungerührt und verweigern oft die Antwort auf die wahnsinnige französische Munitionsprotzerei. Nur dann und wann lösen sich Salven von unsichtbaren Forts auf kahlen Höhen und schicken ihre Granaten auf unheimlich lange Reisen. Ich hörte diese Reisen und sah diese Ziele nächtlich im vernichtenden Glutblitz.

Wieder dieses dumpfe Rollen in der Ferne. Die jungen Soldaten, die frisch und neu aus bayrischen Landen an die Grenze fahren, unbekannten Zielen entgegen, eilen an die Wagenfenster und lauschen in die westliche Kriegsferne.

Rémilly. Die Lokomotive beruhigt sich nach einigen heftigen Atemstößen und hält zu langer Fahrpause still. Das Gedröhn der fernen Schüsse dringt deutlicher herüber, und die Soldaten lauschen mit verschärften Sinnen. Da drüben also haust der Krieg …

In tiefem vorsichtigem Dunkel liegt der Bahnhof von Rémilly. Eine einzige vorweltliche Ölfunzel vor dem langen modernen Bau. Hm. Da wird wohl wieder so ein kleiner französischer Flieger angemeldet sein, der eine Abendvorstellung geben will. Schön – nur gibt's im

Krieg keine fabelhaften Eintrittsgelder, mein Herr, mit denen wir Sie im Frieden so sehr verwöhnt haben!

Ein einziger Ruck geht durch die vielen Soldatenköpfe an den Wagenfenstern: ein Scheinwerfer blinzelt den Himmel an. Da – noch einer. Ein dritter. Ein vierter. Das spürt himmelauf, himmelab, und breite Lichtgarben beschnüffeln mißtrauisch Wolke um Wolke und suchen mit derselben Gründlichkeit ab, wie der Soldat im Schützengraben in einer langweiligen Nacht mit seiner Taschenlampe den Zigarrenstummel sucht, den er gestern verschwenderisch wegwarf.

Ein Schauspiel, das seinesgleichen sucht. Zeichen und Wunder am Himmel, freches Bespähen im All und plötzlich wieder tiefste Dunkelheit. Dann wieder dieses Helle Aufleuchten der endlosen Lichtgarben – halt: es kam mir eben vor, als hätte einer von der Scheinwerfermannschaft einen Kriegswitz an den Himmel gezeichnet. Mitten in der breiten Lichtmasse ein festes Etwas, fast wie eine geballte Faust anzusehen. Fliegerlein, hüte dich, Fliegerlein! Aber er ist nicht zu entdecken; vermutlich ist er beim ersten Lichtblitz geflüchtet, um nicht in eine Blendgasse zu rennen. Denn wenn ihn die Scheinwerfer finden und ihrer drei, vier, fünf mit ihren Strahlen sich an ihn kleben und jeden Meter seines Flugs verfolgen, dann ist er verloren. Es braucht ihn kein Schrapnell zu finden: er ist die geblendete Motte im Licht …

Das Scheinwerferspiel ist zu Ende. Die Geschütze der Touler Vorschübe sprechen weiter und verharren in der üblichen französischen Munitionsverschwenderei, die sich darin gefällt, jeder deutschen Granate ein halbes Dutzend französische zu widmen. Oder englische oder amerikanische oder nächstens vielleicht japanische.

Gleichgültig ist uns das. Die Nation, die das Pulver B nicht fürchtet, hat vor keinem Pulver der Erde Angst.

Konzert im Granatenregen

Da drüben liegt Nomeny. Halt geduldig noch aus vor Rémilly, du wackeres Kriegszügle, ich will nach Nomeny spähen und der braven Burschen gedenken, die den Franzosen aus dem Städtchen hinausjagten und dann mit den Meuchelmördern in Zivil ein lohendes Wort sprachen. Und die dann musterhaft abzogen, aus den brennenden Häusern nur das mitnehmend, was augenblicklich das Ersehnteste war: Wein, Wein! Denn die Arbeit war hart, und der Tag war heiß gewesen – Augustende. So ist das Geschichtchen wohl alt geworden, das ich erzählen will – macht nichts, es ist heute noch lustig.

Denkt: dicht bei Nomeny so etwas wie ein Gehölz und darin in einer Mulde eine Maschinengewehrabteilung der vierten Bayern auf der Rast. Und bei dieser Maschinengewehrabteilung ein Grammophon … Von Nomeny her zischen Granaten. Und inmitten der beiden Flugbahnen die Maschinengewehrmannschaft und das Grammophon – es gibt ein Konzert. Nicht daß ihr glaubt ein ganz und gar improvisiertes – nein, die Offiziere sitzen in der ersten Reihe auf gepolsterten Sesseln, dann kommen die Chargen auf Holzstühlen, und im Hintergrund lagern die Soldaten auf dem Boden.

»Und die Musi spült«, wie's in dem schönen Münchner Liedl heißt. Kommt der Hauptmann Günther gerade zu den schönsten Carusotönen: »Celest' Aida …«

»Nanu?«

»Ein kleines Konzert, Herr Hauptmann!«

Der Hauptmann sieht sich im Kreise um (Caruso läßt sich nicht stören) und entdeckt, daß entgegen allen mitteleuropäischen Konzertsitten jeder Mann vom Oberleutnant abwärts eine schöne bauchige Weinflasche in der Rechten trägt. »Nanu?«

Aber schon eilt ein Unteroffizier mit Flasche und Glas auf ihn zu, und der Soldat Mayer bringt einen »Fotölch«. Bevor er sich aber setzt, der Herr Hauptmann, muß er diese ungewohnten Dinge noch einmal genau unter die Vorgesetztenlupe nehmen. Auch zum Himmel späht er hinauf; da ist ein Damensonnenschirmchen an einen Baumast gebunden, und sein ausgespanntes blaues Seidendach leuchtet wundervoll herab. Abermals: »Nanu?«

Der Unteroffizier, der für das Konzert verantwortlich zeichnet, sieht den Vorgesetzten vorwurfsvoll an. »Aber Herr Hauptmann!«

»Was soll denn dieser Sonnenschirm!«

»Aber Herr Hauptmann – wo doch von hüben und drüben die Granaten …«

Jetzt lacht auch der Gestrenge.

Quod erat demonstrandum: die Nation, die das Pulver B nicht fürchtet, hat vor keinem Pulver der Erde Angst.

Noch zwei Geschichtln von Menschen und Granaten

Der Zug will Rémilly noch immer nicht verlassen – so hab' ich noch ein kleines Beweisstück für das Verhalten der Mayer, Müller und Huber gegenüber der Granatengefahr.

Bei Vigneulles war's, also nahe den Geschützen, die zwischen St. Mihiel und Toul noch französischerseits antworten. Einem niederbayrischen Infanteristen war eine Granate vor die Beine geflogen, bohrte sich in den Boden und hob bei dieser Arbeit den auf dem Rasen stehenden Mann auf und legte ihn um. Er war dick und kurz und blieb dick und kurz liegen. Die Granate verzichtete auf die übliche Explosion und begnügte sich damit, ein Erdloch gefunden zu haben.

»Was ist's denn! Steh auf, Kamerad!«

Und der Dicke und Kurze: »Ja, bin ih denn net tot?«

»Ah geh!«

So stand er also auf und sah merkwürdig vor sich hin.

»Was hast dir denn denkt?« fragten die Kameraden. »Auweh, werst dir denkt ham, jetzt gehts dahin!«

Der Niederbayer überlegte sich den Vorgang einen Augenblick; dann brummte er: »Ih hab mir halt denkt: entweder ih oder die Granatn. Oans von uns zwoa muß krepiern, hab ih mir denkt.« Worte, im Krieg gesprochen, etwas rauher als sonst. Man darf sie nicht auf die Wagschale legen.

Gehst du, Kriegszügle, oder gehst du nit? Nit? Gut, bleibst du bei Rémilly, bleib' ich bei den Granaten.

Diesmal tritt ein Italiener für den Mann aus Niederbayern auf. Er nahm an einer der Pressefahrten der Neutralen teil, verfügte über lombardisch getonte deutsche Sprachkenntnisse und liebte es, Fragezeichen hinter seine Worte zu setzen. Und da wir vor einem Haus standen, das eine Granate übel zugerichtet hatte, holte er seine Fragezeichen und begann: »Warum, mein Herr, ist verbrannt dieses Haus?«

Vielleicht ist eine Granate draufgefallen.

»Warum, mein Herr, ist diese Granate gefallen auf jenes Haus?«

Man hat sie eben draufgeschossen.

»???«

Vielleicht waren Soldaten drin, Deutsche oder Franzosen. Und die Deutschen sahen sich eben veranlaßt zu schießen, wenn Franzosen –

»Woher, mein Herr, wissen Sie, daß Franzosen?«

Vielleicht waren Deutsche drin. Dann schossen eben die Franzosen …

»Warum, mein Herr, sind die Soldaten gegangen in dieses Haus?«

Jedenfalls suchten sie dort Deckung!

Er runzelte die Stirne. »Mein Herr, wäre es nicht besser, die Soldaten gingen für zu kämpfen auf das Feld hinaus?«

»Sie stellen sich die Sache wohl so vor (ich hatte nämlich die Geduld verloren), als ob man heute noch die alte homerische Strategie für die einzig richtige hielte? So müßte also der Soldat vor das Haus des anderen laufen und mit allen Stimmitteln brüllen: komm heraus du Schuft, komm heraus du Schuft! Nein, werter Herr Signore, das macht man nicht mehr; gegen die moderne Bewaffnung sucht man Deckung.«

Der neutrale Mann schwieg eine Weile, starrte dann wieder auf das verwüstete Haus und murmelte gedankenvoll: »Ich glaube, mein Herr, es wäre doch besser, die Soldaten gingen für zu kämpfen auf das Feld hinaus …«

So, und jetzt fährt endlich das Zügle weiter nach Metz.

Ein deutsches Lied

Das … Landsturmbataillon zu Briey ist durch ein anderes ersetzt worden. Und so ist »Der Landsturmbote von Briey« eingegangen, weil die beiden Musketiere, die ihn druckten, ihre Musketen weitertragen mußten.

Diese belanglose Kriegsmär nebenbei; aber im »Landsturmboten« habe ich ein wunderschönes Zeitgedicht gefunden, das nach meiner Vermutung den Hauptmann Rolfs zum Verfasser hat:

Die harte Hand am kalten Gewehr,
So steh' ich auf der Wacht,
Schreit' auf den Schienen hin und her
Die liebe lange Nacht.

Mein Junge zieht mit Hurra und Hoch.
Ins blutgetränkte Feld,
Und wenn das blanke Geschoß ihn trifft,
So stirbt ein deutscher Held.

In harter Hand der kalte Stahl;
Es bläst der eisige Wind.
Ich grüße der Sonne Morgenstrahl
Und denke an Weib und Kind.

Und tief im Herzen lodert's warm,
Mein Deutschland ist in Not:
Ich halte die Waffe und spanne den Arm
Und gehe in den Tod.

Ich weiß nicht, wie diese musikalischen Verse drüben in der Heimat wirken, wenn sie nur mehr ein Schwarzweißdruck sind und wenn ihnen die Umgebung fehlt, in der ich sie mit rascherem Atem las: die Laterne, die die Liliputanerzeitung beleuchtete, in der sie zu lesen waren; der harte Schritt des Wachtpostens; ein Bajonett funkelt auf der nächtlichen Straße; fern plötzlich ein paar Schüsse, dann das Knattern eines Maschinengewehres; und ein Auto taucht aus der Nacht und starrt uns mit großen glühenden Augen an; es ist vom Kühler bis zu den Rücksitzen mit massiven Stahlstangen bewehrt, an denen Drähte abgleiten sollen, die vielleicht quer über die Straße gespannt sind, von Baum zu Baum … Kriegsland! Die Fremde der seltsamen Stimmungen voll!

Und außerdem war ich von Longwy gekommen, das damals – am 26. September – noch in seiner ganzen schauerlichen Verwüstung zu sehen war. Es lag nur ein einziges Bataillon in Stadt und Festung, und man munkelte von einem Franktireurunternehmen – Nachtangriff? In den Wäldern lagen vertriebene französische Bauern mit ihren Schrotbüchsen, und die nächtlichen Wege waren unsicher. Hatte ich nicht ein Auto gesehen, dem man Felsbrocken in die Kurve gestreut hatte? Ein toter Schofför am Wegrand …

Und jetzt lies das Gedicht ein zweites Mal und sieh den deutschen Hauptmann vor dir, der es schrieb. Und sieh ein deutsches Heim und liebe Menschen, die von ihm reden. Und sieh irgendwo im Feld einen blutjungen Leutnant – sein Bub.

Nicht wahr, ein schönes Lied?

Dann ein französisches

Ich kann die Klingelei der französischen Kriegsdichter nicht leiden. Die Franzosen haben kein richtiges Soldatenlied und tragen ihre trophen vor nach Art hochtrabender Parlamentsreden. Was haben die Zuaven einen maulvollen Leibgesang! Etwas aus diesem Versgeflunker:

Comme un torrent des laves bouillonnantes
Nos battaillons foudrent sur l'ennemi
Et vont briser leur vagues triomphantes
Jusqu'au sommet des remparts de granit!

Deutsch im dröhnenden Pennälerstil:

Gießbächen glühender Lava gleich
Stürzen sich unsere Bataillone – Blitze – auf den Feind,
Triumphierende Wogen, deren Brandung
Die Gipfel granitener Wälle sucht!

Ich möchte drauf wetten, daß der Dichter des Zuaven-»Leibliedes« mit mehr Sicherheit in Paris als in Algier zu suchen ist. Und auch die Zuaven scheinen sich davon überzeugt zu haben, daß der schulmeisterliche Gesang nicht zu ihnen paßt; denn sie haben den Strophen einen ganz merkwürdigen Kehrreim angehängt, der deutsch ungefähr so lauten würde:

Bumbum, trara! Zuaven, die sind da!
Zuaven und die Jäger, die brauchen keine Schuh –
He! Kolonist! Fürs Paar zwei Sous!
Kein Kolonist mit nacktem Fuß!
Wenn der Zuav' es sehen muß,
Gibt er die Schuhe weg, trara,
Bumbum, trara! Zuaven, die sind da!

Woraus hervorgeht, daß die Herrschaften, die sonst die Gipfel granitener Bollwerke zu stürmen pflegen, gelegentlich als Schuhhändler ihr Leben fristen und das von Madame la France gelieferte Paar um acht Pfennige an die Kolonisten weiter zu verschachern pflegen. Oder glaubt ihr, daß es sich hier um Gemütswerte handelt, armen unbeschuhten Franzosen im Wüstensand gegenüber? Dann kennt ihr die Zuavenseele nicht bis in alle ihre Winkel hinein. Und überhaupt: Gemüt …

Blick in ein französisches Leutnantsgemüt

Als ich in meinem französischen Wörterbuch keinen klaren Ausdruck darüber fand – immer nur diese verlegenen Umschreibungen – suchte ich im Tagebuch eines französischen Leutnants nach. In einem Kriegstagebuch, nicht wahr, in persönlichen Aufzeichnungen über eine große und furchtbare Zeit müßte doch dann und wann der schnellere Herzschlag nachzittern, den man das Gemüt nennt? Schön; bitte:

»27. August. *La 24. Cie. a arrêté le jardinier au château de Mangeseille. Aspirant Lamontagne lui a causé en allemand. Croyant avoir à faire à des camarades (il était nuit) il a répondu en allemand. Chose qu'il n'avait pas encore fait, a été fusille.«* Also: die 24. Kompagnie hat den Gärtner im Schloß Mange-sur-Seille festgenommen. Der Offiziersaspirant Lamontagne sprach ihn deutsch an; da er (es war nachts) es mit Kameraden zu tun zu haben glaubte, antwortete der Gärtner deutsch. Das hatte er kaum getan, als er schon erschossen war …

Das Gemüt des Tagebuchschreibers macht keinen Zusatz zu dem gemeinen und aus dem Hinterhalt verübten Mord.

Weiter: am 3. September schildert der Leutnant den Kampf mit einer berittenen deutschen Patrouille, die in französisches Artilleriefeuer kam. *»Deux blessés; l'un emporté par ses camarades, l'autre s'est tué d'un coup de carabine au moment où des Dragons allaient le chercher. II s'est tué sans doute pour ne pas être prisonnier …«* –

»Zwei Verwundete: der eine wird von seinen Kameraden mitgeschleppt – der andere erschießt sich mit seinem Karabiner in dem Augenblick, da unsere Dragoner ihn holen wollen. Zweifellos hat er Selbstmord begangen, um nicht in Gefangenschaft zu geraten …«

Das Gemüt des Tagebuchschreibers macht diesmal einen Zusatz: *»j'ai tué une poule d'un coup de sabre* – ich habe eine Henne mit meinem Säbel geköpft.«

Zwei große Ereignisse an einem Tag, Monsieur le Lieutenant: ein deutscher Soldat zieht den Tod der Gefangenschaft vor – und Sie köpften ein Huhn … Wahrhaftig: das Wörtlein Gemüt hat in Ihrem Wörterbuch nichts zu suchen.

Und dann ein Soldatengemüt

Zwei Briefe aus dem Tornister eines französischen Soldaten, der bei Etain fiel und dort beerdigt ist.

Bouzy le 20 Août 14

Mes bien chers oncles

… je n'ai pas encore eu le plaisir jusque maintenant de pouvoir descendre un prusco, mais soyez-en-sur, lorsqu'on nous mènera sur la ligne de feu et que je serai abrité par un obstacle du terrain, je m'efforcerai de viser juste et éprouverai une grande joie lorsque je verrai un de ces monstres que j'aurai visés mordre la poussière. II n'y a pas de pitié à avoir pour des êtres pareils ce sont de vrais sauvages, ceux de nos blessés qui ont le malheur de tomber entre leurs mains sont achevés en passant par les plus atroces souffrances. Aussi tant pis pour eux si un des leurs tombe dans nos mains, il paiera pour les autres, oh que je souhaiterais de pénétrer en Allemagne, j'ai l'intention dès qu'on sera arrivé dans la première ville allemande de pénétrer dans la première bijouterie que j'apercevrai, de choisir quelques jolis objets de valeur et avant de partir, j'enverrai deux pruneaux dans la tête du marchand, ce sera la monnaie française à laquelle il ne devra jamais rendre, car il faut aujourd'hui leur rendre ceux qu'ils nous ont donné en 70. Pour mon part – si je le puis – je les servirai abondammant car j'ai quelques petits bonbons dans ma cartouchière pour les régaler; le pire c'est qu'ils n'ont pas ce gout de reviens-y, mais ils n'auront plus qu'il en saut cette fois ici. (etc.)

Bouzy le 20 Août 14

Mes bien chers frères, mes bien chères soeurs

… nous serons près de la frontière nous n'aurons plus que quelques pas à faire pour entrer en Alsace-Lorraine. Vivement que nous soyons en Allemagne pour que je puisse vous choisir un joli souvenir car si j'ai le bonheur d'y aller, il faudra un joli cadeau et comme paiement j'enverrai deux bonnes balles dans la tête du marchand; d'ailleurs le premier prussien que je vais voir je vais le viser comme il faut. On ne doit pas avoir de pitié pour des monstres pareils.«

Die getreue Übersetzung lautet:

»Meine lieben Onkel!

Bis jetzt habe ich noch nicht das Vergnügen gehabt, einen »Prusco« (Preußen) niederzumachen. Aber Ihr könnt Euch darauf verlassen: sobald man uns in die Feuerlinie führen wird und sobald ich dann in guter Deckung liege, werde ich mich bemühen, recht genau zu zielen. Ui, die Freude, wenn ich so ein Scheusal ins Gras beißen sehen werde! Denn es gibt kein Erbarmen mit solchen Kreaturen: das sind ja einfach Wilde! Unsere Verwundeten, die das Unglück haben, in ihre Hände zu fallen, werden von ihnen unter grausamen Qualen kaltgemacht. Aber wehe auch dem, der das Unglück hat, uns in die Hände zu kommen – er wird die Zeche für die anderen bezahlen müssen...

Oh, wie sehne ich mich danach, in Deutschland einzumarschieren! Ich habe mir vorgenommen, in der ersten deutschen Stadt den nächstbesten Juwelierladen aufzusuchen und mir einige hübsche Schmuckstücke auszuwählen. Und bevor ich den Laden verlasse, will ich zwei blaue Bohnen in den Schädel des Juweliers jagen – das soll die französische Münze sein, auf die er nicht mehr rauszugeben braucht. Denn man muß heute mit ihnen in der Tonart reden, wie sie Anno 1870 mit uns. Ich wenigstens werde sie verschwenderisch bedienen – ich habe ja einige hübsche Zuckerchen in meiner Patronentasche, die ich ihnen zu schmecken geben werde. Und sie sollen nicht nach »beehren S' uns wieder« schmecken ...«

Der zweite, an die Brüder und Schwestern des Absenders gerichtete Brief lautet:

»Wir sind nah an der Grenze und werden mit ein paar Schritten in Elsaß-Lothringen sein.

Dann schnell nach Deutschland, daß ich Euch einige hübsche Andenken kaufen kann; denn wenn ich das Glück habe, dorthin zu spazieren, muß auf jeden Fall ein hübsches Geschenk her, und an Zahlungsstatt werde ich dem Händler ein paar solide Kugeln in den Kopf jagen. Übrigens: der erste Preuße, den ich sehe, wird genau aufs Korn genommen! Man darf kein Mitleid mit solchen Scheusälern haben ...«

Von deutschen Greueln

In den ersten Mobilmachungstagen wurden nach einem Vorpostengefecht zwei *chasseurs à pied* (Jäger zu Fuß) in Metz eingeliefert, die – was für das nachfolgende bemerkenswert ist – aus dem Grenzdistrikt stammten. Der eine, ein *sou'-off'* (Unteroffizier) beantwortete die ihm vorgelegten Fragen in unerschrockenem Tone und auch in anständiger Wahrung der militärischen Formen. Anders sein Kamerad: er stand verzagt da und begann plötzlich zu schluchzen. Das veranlaßte den Unteroffizier zu einigen Fragen über die Zukunft: »Wohin mit uns?« – »Übers andere Rheinufer.« – »Und dann?« – »Sie werden verpflegt und werden eben den Krieg in Deutschland als Gefangener mitmachen.«

»Mais«, sagte der Unteroffizier ruhig, »on m'a dit, que la Prusse fusille les prisonniers« – »Man hat mir gesagt, daß Preußen die Gefangenen erschießt ...«

Es ist bezeichnend, daß selbst ein Soldat aus dem nächsten Grenzgebiet das Märchen von teutonischer Barbarei mit allem Ernst aufnahm, so wie es die französische Heeresleitung auszugeben beliebte. Sie wollte Löwen erwecken und schuf Hasen – entsetzt flüchtende, arme Infanteristen, die nach anfänglicher großer Tapferkeit beim Ansturm der Gegner an das grausame Schicksal dachten, das ihnen die Unvernunft vorgemalt hatte.

Die französischen Offiziere formten denn auch bald das *»fusiller«* in das mildere *»maltraiter«* um; und wieder sollte der arme kleine Piou-Piou zum furchtbaren Helden werden, eben weil ihm eine Gefangenschaft drohte, in der er Mißhandlungen entgegensehen müsse. Siegen oder sterben – nur nicht in Gefangenschaft! Die heroische Parole hörte ich von einem der niedergedrückten Gefangenen bitter verändert: *»Mourir ou vaincre pour nos milliards en Russie«* – »Siegen oder sterben für die russischen Milliarden« ... Und so ist die schnelle Flucht noch immer der häufige Abschluß relativ tapferer Haltung. Nur wenn der Soldat nach der feigen Art seiner nordafrikanischen Mitkämpfer in den Bäumen sitzt, um aus dem Hinterhalt zu kämpfen, und wenn er seinen Bauchgurt um einen Ast schlingt (um auch im Todesfall durch sein Herabplumpsen sein Versteck nicht zu verraten), dann muß er den Gedanken an die Flucht aufgeben. Und wenn dann der maßlos erbitterte deutsche

Soldat den »Aff« in den Wipfeln mit aller Todesverachtung angeht, dann geht's dem kleinen Piou-Piou im Versteck wie seinen Kameraden im Sturmfeld: sein Arm ist gelähmt; ein Projektil geht noch unsicher aus dem Gewehr. Dann fallen Waffen von den Bäumen, und es schreit im Chor: »*Pardon, camarade!*« Ein hinterlistiger Feind, der seine soldatische Schulung beim Neger nahm, fordert den soldatischen Pardon, und wenn die deutschen Gewehre doch noch einmal losgehen, dann verzeichnet die französische Presse einen neuen Fall deutscher »atrocité«.

Auf dem Umweg über den Tornister eines französischen Soldaten wurde ich mit dem »Petit Troyen« bekannt, der lebhaft über deutsche Greuel leitartikelte. Als besonders kraß schilderte das Blatt den folgenden Fall, für den es den Leutnant des 135. Regiments »Rudolpho Roeßler« verantwortlich macht. »Seine Abteilung«, heißt es da, »stand unter unausgesetztem Feuer, das die Reihen stark lichtete. Angesichts der Gefahr, aufgerieben zu werden, ließ er seine Leute die Kolben hochheben« (*il leur fit mettre la crosse en l'air*, was für die französischen Soldaten das Zeichen des Sichergebenwollens ist. Der Berichterstatter), worauf wir zu feuern aufhörten und unsere siegreiche Kompagnie vorging, um die Besiegten zu entwaffnen.« In der Folge geriet aber der Sieger in ein furchtbares Maschinengewehrfeuer, da die »Besiegten« ausschwärmend zum Sturmangriff eilten und ihrer Maschinengewehrabteilung das Mittelfeld freigaben.

Wenn nun auch richtig ist, daß der Franzose das »*mettre la crosse en l'air*« als Zeichen der Ergebung übt, so wird es wohl keinen französischen Infanteristen geben, der die Sachlage nicht zu deuten vermag, wenn ein deutscher Soldat die Flinte beim Lauf nimmt; das ungefähre Gegenteil vom Waffenstrecken …

Aber der »Petit Troyen« bleibt entrüstet und füllt mit seiner Entrüstung die Spalten des immer kostbarer werdenden Papiers (das für Frankreich deutscher Exportartikel war) und weidet sich mit kulturellen Zeilen am Tode des Leutnants Roeßler: »ein Geschoß durchriß sein Gesicht. Mit unseren Verwundeten aufgelesen, wurde er nach Troyes transportiert und sühnte mit tagelangen entsetzlichen Leiden die gemeine Tat, die seine Soldatenlaufbahn besudelt hatte.« Der Reporter des »Petit Troyen« ist auch in seinem Schlußsatz nicht bei der Wahrheit geblieben – der Leutnant Rößler lebt noch.

Vom guten deutschen Kerl

Auf den Umschlag meines Kriegstagebuches hab' ich einen stolzen Titel gezeichnet: »Der eiserne Vierzehner«. Aber manchmal kommt's mir vor, als ob all das Eiserne nicht das Hauptmerkmal dieser großen Zeit sein dürfe. Neben der riesenhaft gewappneten Germania will ein feinerer Recke mitstreiten und mitsiegen: der gute deutsche Kerl.

Ich habe diesen guten deutschen Kerl kennen gelernt: im Feldlazarett, wie er den winzigen Schluck Bier, den ihm das Vaterland ins Feld gesandt hatte, mit einem kleinen Piou-Piou teilte; ich sah die Kinder um ihn stehen im Feindesland – er behielt nichts von seinem Brotleib; ich sah ihn an der Seite alter französischer Bauern beim Kornschneiden; und ich sah ihn im Schützengraben verträumt in den Brief starren, den ihm der Bub daheim geschrieben hatte. Ich las in den Zeitungen, wie die kleinen Postanweisungen, die unsere Soldaten vom Felde an Frau und Kinder senden, sich zu einer ungeheuren Millionenziffer summieren … Ein Ruck im Herzen! Ich habe mir eine dieser Postquittungen aufbewahrt: Saargemünd, den 16. September. Zehn Mark an Frau Anna Menzel, Fabrikarbeitersfrau in Friedenfels in der Oberpfalz. Absender: Landwehrmann Menzel.

Ich kam aus der Gegend von Chateau Salins; es mag in St. Médard gewesen sein, wo der Landwehrmann mit dem wuchernden Barte zögernd an mein Auto trat: »Fahrn S' hinüber?« Und er deutete heimwärts ins altbayrische Land. Dann langsam: »Es is halt nix mit der Post. A Geld hätt' i halt für dahoam – möcht'n Sie's net mitnehma? Für mei Frau und meine Kinderlen. I brauch koa Geld net da heraus.«

Und gab mir eine mit ungelenker Hand geschriebene Postanweisung. Auf der Rückseite stand: »Libe Frau und Kinderlen mir gets gut. Ich schik dir das Geld. Die Kinder ein Bußl, dir zwei …«

Mein Herz schlug rascher. »Ein paar Zigarren, Kamerad?« Er griff voll Freuden zu. »Vergelts Eahna Gott – und gel, des Geld taat halt pressiern, net wahr?«

Mein Wagenführer Rothenauger gab heidenmäßig viel Gas und ließ den Motor so lange rumoren, bis die halbe Träne in seinem linken Auge wieder aufgetrocknet war. Dann sprang er ab, holte ein wollenes Hemd aus seinem Rucksack und gab's dem Landwehrmann.

»Herrgott!« Der Soldat riß den Waffenrock auf und zeigte die nackte Brust; »Herrgott, a Hemad!«

Wir sausten weiter. Als ich an der nächsten Kurve zurückguckte, sah ich noch immer seinen hocherhobenen Arm: »Herrgott, a Hemad …«

Als ich abends in Saargemünd die zehn Mark aufgab, fiel's meinem Wagenführer plötzlich ein: »Sie, die Quittung müssen S' Eahna fei eirahma lassen!«

Einrahmen – jawohl – und daneben einen der Siegeszettel aus dem Osten: 100000 Russen. Tat neben Tat.

Es wachst schon wieder nach

Zu Woël im Woëvre ein verwundeter Landwehrmann mit wucherndem Barte – ich erinnerte mich augenblicklich an den Mann von St. Médard.

Ein Bayer auch und die gleich schwarzen Augen wie der Oberpfälzer. Er lag hilflos auf einem Bauernwägelchen, das ihn in ein Lazarett über der Grenze bringen sollte; am linken Unterschenkel einen Gipsverband.

»Wo hat's uns derwischt, Kamerad?«

Er deutete auf den Gips und dann dringlicher auf die Zehen, die aus dem Verband heraussahen. »Bitt schön«, sagte er unvermittelt, »wenn der Herr mei große Zech angreifn möcht'! Ob s' halt noch warm is, wissen S'!«

Natürlich griff ich zu. »O, die is noch ganz warm.«

»So?? Gel, sie is noch warm … Wissen S': die Granat'n halt! Gleich überm Knöchl …«

Er griff in die Tasche und zog ein furchtbares Stück Knochensplitter heraus. »Dees is gleich ganz weggeflog'n. Dees nimmst dir, hab i mir denkt, dees laßt net lieg'n. Wenn's net so groß waar, taat is' fass'n lass'n, wiss'n S', in Silber fass'n.«

»Ja, Kamerad, in Silber …«

Jetzt sah er mich scharf an, als ob er in meinen Gedanken lesen möchte. »Glaub'n S', daß dees Boa wieder nachwachst?«

»Aber freilich, Kamerad …«»

»Sehen S'!« sagte er freudig. »Dees hat der Herr Dokter aa g'sagt: dees wachst scho wieder nach, hat er g'sagt; ah was, sagt er, warum sollt' denn dees net nachwachsn! Und da glaub'n also Sie aa …?«

Ein Schuft, der diese Frage nicht bejaht hätte. »Brauchst koa Angst net ham, Kamerad; wenn's aa sei Zeit dauert ...

Und dann kam's ganz leise und traurig: »Wiss'n S', i hab halt Kinderlen dahoam, kloane Kinderlen. Mir san erst sechs Jahr' verheirat' ... Dee könna si ja no gar net helfa, dee Kinderlen ...«

Seht zu, ob ihr nicht solche Augenblicke in eure breit vorgetragenen Weißbücher packen könnt. Sie sollen die Schuldbücher der Nationen vor aller Welt belasten.

Erbarmungswürdig Volk

An der Heeresstraße von Mars-la-Tour: neben den Soldaten, die da kommen und gehen, neben den Fahrkolonnen, den Verwundetentransporten und neben den Munitionszügen geht noch ein Restchen bürgerliches Leben her, das mit zur Kriegsgeschichte gehört. Manchmal, wenn ich auf der Plattform des Kirchturms die Flieger über der Côte Lorraine verfolgte, sah ich in der Ferne so etwas wie Bürgersleut auf der Landstraße auftauchen; dann eilte ich die kitzlige eiserne Wendeltreppe hinab und tat's den Bauern von Mars-la-Tour gleich, die die Straße säumten und der Dinge und Menschen harrten, die da kommen sollten ...

Erbärmliches und erbarmungswürdiges Volk zieht dieses Weges. Die Gruppe der Erbärmlichen: einmal waren's ein paar halbwüchsige Burschen mit einer alten Frau, sie gehörten einer Gesellschaft von Leichenräubern an und waren vielleicht Verbrecher minderen Grades, weil sie dem ordentlichen Kriegsgericht zu Metz überwiesen wurden. Aber doch Leute, die den Danebenstehenden frösteln machen. Hände, die sich diebisch nach Toten ausstrecken!

Und ein paarmal Spionageverdächtige – sie gingen bleich vor den Bajonetten her.

Und dann und wann erbarmungswürdige Leute aus ausgebrannten Dörfern, verarmte, hungernde Menschen ohne Obdach. Über die Grenze ... Einmal sah ich ihrer 169, Kinder, alte Frauen und Männer. Unsere Soldaten waren wie die Retter zu ihnen gekommen, als sie ihre brennenden Dörfer verlassen hatten und mit winzigen Bruchstücken ihrer Habe auf die Felder zogen, um dann – bedräut von den Granaten ihrer eigenen Leute – ihr Leben zu retten! Aus drei Dörfern 169 Menschen. Unsere Soldaten griffen erschüttert in ihre Tornister und leerten ihre Brotbeutel. Was tun mit den Menschen? Der Weg über die Maas – ein Todesweg. »Nach Deutschland!« Und sie zogen stumm und traurig und sahen auf Dörfer zurück, in denen der Krieg wütete. Und alle Herzen öffneten sich über der Grenze.

Dann wieder Leute, die man in Schutzhaft hatte nehmen müssen. Sie sahen den Aufmarsch unserer Truppen, sie wissen die Stellungen unserer Batterien – wenn man sie ins Land vorschickt gegen die Stellungen der Ihrigen, können Bataillone der Unsrigen vernichtet werden. Wenn sie in ihren Dörfern bleiben, sind sie bedroht von den Granaten der eigenen Freunde. Und wenn man ihnen Bewegungsfreiheit gibt, dann … Das unergründliche System des Zusammenarbeitens zwischen der französischen Armee und der Zivilbevölkerung zwingt zu Maßnahmen von einiger Härte. Wenn sich's überhaupt um Härten handeln kann.

Der Pfarrer von Hattonchatel

Der Pfarrer von Hattonchatel, der als Vertrauensmann der französischen Regierung in Schutzhaft genommen werden mußte – selbstverständlich – schrie auf, als man ihn bat, im Wagen Platz zu nehmen. – Er wurde mit aller Höflichkeit behandelt, und es wurde ihm für die Kriegsdauer ein ehrenhafter Aufenthalt in einer deutschen Festung zugesichert. »Nach Deutschland!« schrie der Mann, *»o mon Dieu …«* Und dabei war's vielleicht seine Rettung – die Granaten sind bald darauf bündelweise nach Hattonchatel geflogen …

Was muß man diesen Leuten von deutschen Barbarismen vorgelogen haben! Als der Wagen in Mars-la-Tour kurze Rast machte, zog der Pfarrer sein Notizbüchl und schrieb sein Testament hinein. *»Ma chere soeur je vous embrasse –«* beginnt es und verteilt sorgfältig die Habe eines armen Landgeistlichen, 335 Franken im ganzen, und vorschriftsgemäß mit ausgeschriebenen Zahlen: *»fait à Mars-la-Tour le troisième Octobre mil neuf cent quatorze«*. Die Soldaten, die ihn geleiteten, ärgerten sich sehr. »Gilt denn das deutsche Wort nix? Was braucht er denn sein Testament zu machen?« Sie konnten's ihm nicht französisch sagen, was sie auf dem Herzen hatten. »Da heißt's allweil, die Franzosen woll'n übern Rhein – und hernach, wenn s' müssen, dann geht die Trenzerei an …«

Ich möchte dem Pfarrer einen Leidensgenossen gegenüberstellen, einen Berliner, der die Karpfenteiche von Chambley gepachtet hatte. Pünktlich mit der Kriegserklärung nahm man ihn in Haft. Und er hatte Glück gleich dem Pfarrer: es dauerte nicht lang, da ließ ein französischer Flieger eine Bombe auf das Haus des Berliners in Chambley fallen – sie wirkte furchtbar. Aber der Berliner war gerettet durch die Gefangenschaft, wenn es ihm auch im französischen Süden nicht so gut ging wie dem Pfarrer im deutschen Norden.

Der am Weihnachtsabend fiel

Am Weihnachtsabend fiel der kleine Piou-Piou Hilaire R … an der Côte Lorraine. Von seinem engen Schützengraben am Rand des Bois Pliamont konnte er über den schmalen Talzug zum Bois Haut gucken und vielleicht von ferne durch den entlaubten Wald ein Lichtlein von St. Rémy blinzeln sehen. Kleine Zeichen fernen Lebens, nach denen sie wie die Kinder ausschauen in der Einsamkeit dieser Kriegsnächte. Brannten irgendwo Weihnachtslichter in den deutschen Gräben? Die Côte war schweigsam – feierten sie das deutsche Fest nicht? Choräle – wo blieben die Choräle? Der blasse Küfer von Baudières, der mit im Graben lag, hatte einmal in Lorry geschafft und wußte zwei Strophen eines deutschen Weihnachtsliedes zu singen. »Das ist so schön, das müßt ihr heute hören!« Nein, sie sangen nicht. Sie feierten ihr deutsches Fest nicht und hatten den Finger am Drücker.

Eine kleine bayrische Feldwache hatte sich weit vorgeschoben in die Côte. Bereit zu sterben, wenn die da drüben in der heiligen Nacht …

Sie lagen hinter den Klippen eines Steinbruches und unterhielten sich leise. »Schnürl haben s' an die Gewehr, ih hab s' gsehn. Die andern schlafen, und da geht einer her und zieht an einem Schnürl, und dann gehn die Gwehr alle auf einmal los. Und das heißen s' an Rafal – saudumm. – Mir soll heut einer ziehn an dem Schnürl!«

Aber da drüben zog einer an der Schnur, die die Drücker der ganzen Gewehre des Grabens miteinander verbindet, und die Kugeln pfiffen durch die Nacht. Und die Feldwache sprang auf und eilte vor. Und vor ihrer bayrischen Wut stürmte der Schrecken her, der den Finger am Drücker lähmt; die kleinen Piou-Pious ließen ihre Gewehre auf den Böschungen liegen und liefen in die Dunkelheit hinein.

Einer nur blieb, das Blei im Herzen.

»Was braucha denn die heut an Rafal!« brummte der Münchner Reservist. »Ham mir hingschossen? Da müassen dee eahnern Rafal schiassn …«

Er besetzte mit seinen paar Leuten den Graben und gab die Meldung zurück: soeben Graben gestürmt. Feind geflohen, einen Toten zurücklassend. Tornister des Gefallenen folgt.

Die Offiziere vom Stab nahmen die Meldung schweigend entgegen. Der Tod in dieser Nacht! Ein armer Teufel ausgelöscht – woher stammte er? … Ein Mann kommt mit dem Tornister. Briefe? Ein ganzes Bündel findet sich.

Der Kommandeur blättert in den Papieren; dann sagt er: »Der jüngste Brief – Mitte Dezember. Unterschrieben von der Schwester. Was für eine Zärtlichkeit: *mon cher Gaga* … Mein liebes Sorgenkind! Da – das ist ja ein kleiner Abbé gewesen oder ein Pfarrer! Hören Sie, meine Herren: »Wann wird dieser unselige Krieg sein Ende finden? Wann werden wir Dich wieder haben! Deine Schwester, Deine Lieben, Deine Gemeinde, Deine Kirche erwarten Dich! Du kommst zurück – Du bist ein Diener des Herrn, und er wird Dir seinen besonderen Schutz angedeihen lassen …«

Von anderen Toten

Eine Granate gurgelt vorüber. Nah antwortet die Batterie. Das laute Tosen hilft über das Schweigen im Graben hinweg. Der hagere Oberleutnant hustet verlegen. Der dicke Hauptmann versucht ein kurzes Lachen, und dann steht Hauptmann Günther auf und streckt sein Punschglas hoch über den Grabenrand. »Krieg! Hurra und drauf, solang wir schnaufen können!«

Sie nippen von ihrem Weihnachtspunsch. Hauptmann Günther leert sein Glas und gießt den letzten Tropfen auf die Erde – Totenspende. »Is halt Krieg! Der kleine Abbé da drüben … Wir haben unsere eigenen Toten! Schaut unsere Regimentsliste an: wir haben viel ausstreichen müssen … Gleich zu Anfang da drüben bei Lanhères! Ich mein', ich seh's heut, wie wir da Abend für Abend zusammensaßen und sie alle herzählten, die gefallen waren. Und einmal, das war Ende August, so rund acht Tage nach dem Gefecht, da fällt's mir plötzlich ein: ob wohl noch einer draußen liegt? – Unmöglich! – Unmöglich – warum unmöglich? Ich steh auf und geh zu meinem Fuchs – warum unmöglich? Ich seh nach der Sonne; sie ist am Abschwenken. Ich muß noch vor der Dämmerung hinaus – wenn noch irgendwo ein armer Teufel … Und mein Fuchs sprengt dahin.«

»Ein Haberfeld. Mein Fuchs braucht die Sporen – warum? Und scheut – da liegt mittendrin im Feld einer der Unsern. Die Hitze hat den Toten furchtbar verunstaltet. Wer bist du, Kamerad? Ich steige ab und beruhige den erregten Gaul. Kamerad, wer trauert um dich? Ich kämpfe mit meinen erregten Nerven und mühe mich, meine Augen von dem entstellten Gesichte abzuwenden, während ich die Rocktasche des Toten suche. Eine Brieftasche … Und der Gaul jagt wieder unter mir davon.«

»In der Brieftasche ein Bild des Gefallenen in Zivil, neben ihm eine hübsche Frau und zwei liebe kleine Kinder. Auf der Rückseite eine Frauenhandschrift: ›Du kehrst zu mir zurück!‹

»Der junge Thüringer Amtsrichter kehrte nicht zurück. Wie da drüben der kleine französische Geistliche …«

»Ich ritt weiter über das Schlachtfeld. Es trieb mich, den Platz aufzusuchen, an dem meine Kompagnie vor acht Tagen in so schwerem Artilleriefeuer gelegen hatte. Mein braver Bursche hatte auch sein Teil abbekommen, schwerer Granatsplitter – ich muß morgen die Zeit finden, hinüberzureiten und ihn im Lazarett zu besuchen. Na los, Füchsle! Doch – da vorn haben sie einen Mantel über etwas gebreitet … Der süßliche Geruch – ihr kennt ihn ja. Ich steige ab und decke den Toten auf – ein fürchterlich zerrissenes Gesicht – blonde Brauen seh ich noch. Wer hatte diese blonden Brauen? Sie erinnern mich an meinen blonden Burschen – Hans, du bist doch … Mein Gaul schnaubt; ist's die Leichenscheu oder erkennt er den braven Kerl wieder? Wieder der Kampf mit fast versagenden Nerven, dann greife ich in die Rocktasche des Toten. Ein Schlüssel – es kennt ihn niemand besser als ich! Er öffnet das Tor zu meinem Landhaus in Montigny … Hans! du armer treuer Kerl – warum verschwiegen sie mir das! Ich hatte dich gern. Meine Frau füllte deinen mageren Tornister. Meine Kinder ritten auf deinen Knieen und schrien vor Vergnügen …«

»Hans. Und drüben der kleine Franzos …«

»Damals zwischen Etain und Lanhères fiel mein lieber Freund von

Zezschwitz von den vierten Ulanen. Verlagsbuchhändler in Gera. Am Morgen vor dem Treffen waren wir querfeldein geritten und hatten uns alte Sachen vom Herzen geplaudert. Da sieht er plötzlich nachdenklich drein und beginnt: ›Nimmst du mir's eigentlich übel, daß ich nochmal geheiratet habe?‹ Ich halte einen Augenblick mein Pferd an, ganz unwillkürlich, um mir die Frage klar zu machen. Zezschwitz war Witwer gewesen, jawohl. Und litt an dem Verlust und ging dann auf Reisen. ›Bist du nicht damals, wie man so sagt, rund um die Erde gegangen?‹ – ›Ja, ich brauchte Zerstreuung. Und da kam ich auf langen Wegen eines Tages nach Sumatra – ach, was ist die Welt schön! Man wird ordentlich wieder froh. Eine deutsche Dame war mit in der Reisegesellschaft – findest du es wunderlich, daß ich gern mit ihr plauderte? Wir trugen ein gleiches Schicksal, sie hatte ihren Mann verloren, und es trieb sie auch hinaus. Und Freier waren da: vor denen floh sie auch. Aber da in Sumatra – wir verlobten uns an einem wundervollen Abend. Vor einem Jahr haben wir geheiratet. Du – ich bin so glücklich! Ich habe die schönste, die liebste Frau – wie ich jetzt an sie denke! Wir werden uns wiedersehn. Und weißt du: dieser Tage muß ein Telegramm kommen (er lachte fröhlich), da sollst du mal Vaterstolz kennen lernen!‹«

»Und dann mittags das Gefecht. Und abends sah ich ihn tot daliegen – Kopfschuß. Und als ich von dem Toten wegging, da kam die Feldpost. Ein Brief für Zezschwitz war mit im Feldsack. Schrieb man ihm, daß ein junges Leben …?«

Küsse an die Heimat

Ein Soldatenschluck aus dem Punschglas. Dann fährt Hauptmann Günther fort: »Die Ereignisse um Etain und Lanhères sind mir lange im Kopf herumgegangen. Um das Augustende noch überall die Spuren dieser gräßlichen Dinge, Verwüstung und Leichen. Und man war schließlich noch ein Neuling im Felde, und alles wirkte mit frischem Schrecken auf das Gemüt ein. Und die Gedanken gingen um so lebhafter nach Hause!«

»Da ritt ich einmal durch das zerstörte Landres – ihr wißt, wie das aussah! Aber ich sah an den Dingen vorbei und war in Gedanken in dem hübschen Montigny bei den Meinen und freute mich jeder Unart meines Jungen und dachte an mein braves kleines Mädel. Und sah meine liebe Frau … Wenn ich bei ihnen sein könnte!

Da – eine Frau an einer Haustreppe mit einem niedlichen kleinen Mädchen. Eine Achtjährige, sie glich meiner Kleinen wie ein Ei dem andern. Ich riß meinen Fuchs zusammen und winkte dem Kinde: *viens chez moi, ma petite*! Einen Augenblick sah die Mutter der Kleinen erschrocken nach mir aus. Ihr Kind! Und ein deutscher Soldat – *un boche*! Aber dann lächelte sie ihre Gedanken weg und schickte das Kind zu mir, und ich streichelte, vom Pferde herab das feine Köpfchen. Die Frau bekam feuchte Augen vom eigenen und vom fremden Leid, ›oh, er 'at auk ßu'aus eine Kind wie das …‹ Und da hob sie das Mädel hoch und sah es gern, daß ich die Kleine küßte. Zu Landres küßte ich so meine kleine Tochter in Montigny!«

Der papierene Husar

Ich will versuchen, ein Husarenstückchen zu erzählen, das im Gegensatz zu allen anderen Husarenstückchen papieren ist – lediglich ein Brief, den ein mitteldeutscher Husar nach Hause hatte schreiben wollen und der in die Hände seines Schwadronschefs geriet. Und der dann in lauter winzigen Fetzen in tiefsten französischen Straßenmorast flatterte; ich konnte ihn nicht vor dem Grimme des Rittmeisters retten.

Es war am Silvesterabend ein französischer Fesselballon bei Toul ausgerissen; er flüchtete in deutsche Weiten, verfolgt von einem bayrischen Doppeldecker, der ihn umkreiste. Und der mitteldeutsche Husar sah das, hatte seine Freude dran und begeisterte sich zu einem Nachhausebrief, der ein ähnliches Thema behandelte; daß er seinen Adressaten nicht erreichte, weiß man bereits. Es ist nur hinzuzufügen, daß der Inhalt des Briefes mit drei Tagen Mittel geahndet wurde.

Und dann kann ich also auf den Inhalt des besagten Briefes eingehen: »Ich hatte dieser Tage ein interessantes Abenteuer. Ich ritt auf Patrouille und entdeckte plötzlich einen französischen Fesselballon. Ich ritt näher, stieg ab und kletterte dann an dem Drahtseil des Ballons empor. Noch war ich nicht ganz oben, als eine deutsche Granate heransauste und das Ballonseil durchriß … Ich wurde mit dem entfliehenden Ballon fortgerissen, aber ich hielt mich fest, bis der Ballon niederging. In einem sehr großen französischen Wald landete ich; ich vermochte indes nicht gleich herauszufinden und irrte drei Tage und Nächte umher. Beeren, Wurzeln und Kräuter nährten mich dürftig, bis ich endlich den Waldrand erreichte. Aber kaum war ich im Freien, als schon Franzosen auf mich schossen. Da sah ich in der Nähe drei Kühe grasen – ich eilte auf diese zu und schwang mich auf den Rücken der stärksten, auf der ich dann wohlbehalten zu den Meinen zurückkehrte. Mit Hurra empfingen sie mich.«

Der gütige Leser wird das Empfinden haben, daß drei Tage Mittel in diesem Falle keine barbarische Strafe darstellen …

Vom Vater, der auszog, die Söhne zu rächen

Na ja, ein bißchen wird ja wohl in jedem Kriege gelogen, und manche kleine briefliche Dichtung wird nicht nur von staunenden und erschauernden Lesern, sondern mit der Zeit auch von ihrem Dichter selbst geglaubt. Ganz seltsame Dinge oft, ausgeheckt von seltsamen Menschen. Erlauben Sie, daß ich Ihnen einen der Seltsamsten vorstelle.

Ein Kriegsfreiwilliger. Der 55jährige O. K. aus N. bei Deggendorf in Niederbayern, (übrigens aus einer Gegend, die ganz prächtige Helden in diesen Krieg gesandt hat: die bayrischen 13er und 16er!) Der Mann meldete sich also Ende Oktober in einer Festung an der Westgrenze und gab als Grund seiner Meldung lakonisch an: dem Franzosen die Gurgl abschneidn … Als ich ihn späterhin traf, wiederholte er nur mehr: Gurgl abschneidn – und ich glaubte wirklich das Weiße in seinen Augen zu sehen.

»Warum?«

»Weil sie mir siebn Buam derschossn ham …«

»Sieben … Das ist ja schrecklich. Sieben Söhne gefallen? Ja, Mensch …«

»Jawohl. Viere beim Hindenburg z' Rußland hintn und drei z' Frankreich.«

Ich mußte als alter Zeitungsschreiber trotz einiger Ergriffenheit doch in Verzückung fallen, als sich mir dieser herrliche Kriegsstoff darbot. Der Vater, der auszieht, seine Söhne zu rächen!

»Mann, kommen Sie, wir trinken eine Flasche Wein zusammen.« Und ich entkorke in meiner Wohnung eine herrliche Flasche Lothringer Clairet Scy, deutschen Sekt in Urform. »Bitte, erzählen Sie. Also sieben Söhne – waren die alle bei Ausbruch des Krieges bei Ihnen zu Hause?«

»Nana. Der eine also, der war z' Konstantinopel bei die Türken, zwei sind in Frankreich gwesn und einer in Kairo …«

»Halten Sie um alles … Wo sind sie gewesen?«

»Also in Kairo …«

»Ja, wie kommen denn Ihre Söhne dahin?« – Ich sehe mir den sehr einfachen Menschen an und wälze in meinem Kopf eine lange Reihe niederbayrischer Menschen und ihre Lebensschicksale. In Kairo war noch keiner von den allen gewesen, die ich in meinem Leben kennen gelernt habe.

»Ja mei«, sagt der Mann trocken, »ih bin ja doch auch in der Welt rumkemma, net wahr, und da hab ih halt gesagt: Buam, so müßts ihr auch rumkemma wia enker Vater. Ih bin schon in Indien gewesn und in Australien und in Texas …«

»Indien – Australien – Texas. Aber was haben Sie denn da …«

Er schneidet mit einer Handbewegung den Schluß meiner Frage ab. »Ih bin halt mit die Expeditiona mitganga, net wahr, mit die wissenschaftlichen Expeditiona.«

»Mit welchen Expeditionen? Unter welcher Führung?«

»Ja, dees woaß ih nimmer. So Professer san halt dabei gwesn, net wahr.«

»Und was hatten Sie zu tun?«

»Allerhand halt, net wahr. Und da hab ih also gsagt, meine Buam müaßen aa amal die Welt kennen lerna, net wahr, und da san s' also fort. Und nachher san die Gschichtn in der Zeitung drin gstandn – auweh, hab ih mir denkt, dös giebt an Krieg. Und bin her und hab telegraphiert.«

»Telegraphiert … Was haben Sie denn telegraphiert?«

»Ganz einfach so: ›Gewitter im Anzug. Heimkemmen.‹ Net wahr. Da kennt sich doch a jeder aus.«

»Freilich …«

»Und wia ih also meine Buam alle beieinander hab, net wahr, da sag ih: Buam, das Vaterland is in Gefahr. Halts enk guat und schlagts ' enk wia die Löben, dafür ham mir den boarischn Löbn auf der Fahna. Und wann enk die Franktanehr angreifn – –« Jetzt deutet er auf ein langes Messer auf meinem Schreibtisch, und augenblicklich versteht ein Bayer den andern. Dann erinnert er sich wieder seiner persönlichen Mission: »Und da bin ih also da her, net wahr – Gurgl abschneidn. Jetzt sagt aber der Stabsarzt zu mir: Sie därfn net aufs Feld, Sie ham an Herzfehler. Was, sag ih, ih hab an Herzfehler? Dees giebts net – da is mir nix bekannt! – Sagt der ander: Dafür bin ih Stabsarzt, daß's mir bekannt is. – Sag ih wieder: Dafür is dees mei Herz, daß ih woaß, daß da nix fehlt.«

»Und dürfen Sie jetzt aufs Feld?«

»Na. Aber ih muaß naus – Gurgl abschneidn. Mir Niederboarn san die bestn Menschn von der Welt, aber auf die Art und Weis san mir schlecht z'sprechn. Und ih muaß aus Frankreich hinten und auf England umi – der Grey wann mir unter die Finger kemma taat ... Mei Ausgab is halt die – aus ganz London Spähn macha. Und 250 Milliardn müassn s' zahln, d'Engländer, da kann ma koa Fünferl nachlassn ...«

»Nein, da kann man nix nachlassen ...«

Und der arme Kerl, dem der Krieg die Sinne umnebelt hat, geht wieder in seine Kaserne. Es reizt mich festzustellen, was an seinen Erzählungen wahr ist; ich telegraphiere seiner Heimatbehörde. Antwort: Hatte nur einen Sohn, der mit sechzehn Jahren starb.

Armer Kerl ...

Der Ringkämpfer im Felde

Von einem andern seltsamen Menschen eine Kriegslegende – die 2. österreichische Mörserdivision hat sie mir von Longwy mitgebracht. Longwy – na, ich war in dem zerschossenen Longwy Haut und komme nicht drüber weg: das fürchterlichste Beispiel deutscher Schießerei. Grauenhaft.

Und im Rahmen dieser unbändigen technischen Kriegskräfte ein unbändig starker deutscher Soldat. Er stürzt auf meinen Freund Schaffusz zu, oder eigentlich auf dessen österreichische Uniform, und sagt: »Ich bitt' gehorsamst um Entschuldigung, Herr Oberleutnant, aber es freut mich halt, daß ich einen Österreicher seh. Ich hab nämlich schon in Wien gearbeitet.«

»Wie lang?«

»Vierzehn Tag.«

Denkt sich mein Freund Schaffusz: vierzehn Tag – ein netter Arbeiter, den's nach vierzehn Tagen schon nimmer freut. »Warum denn nur vierzehn Tag?«

Und der andere, seine Riesengestalt noch strammer aufreckend und den bärenhaften Brustkasten noch um einige Zoll dehnend: »Ich bin halt ein Ringkämpfer.«

»Ah, Respekt! Das is ja gor nix Schlechtes im Krieg! Ham S' alsdann schon g'rungen auch im Krieg?«

»Melde gehorsamst, Herr Oberleutnant, mit sechs auf einmal!«

»Oho! Und wie is das nausgangen?«

»Für die ersten fünf ganz schlecht. Aber der sechst, der Lump hat mich mit dem Bajonett derwischt. Grad im obern Haxen. Und da fall ich halt um, und er kniet sich auf mich nauf – – Herr Oberleutnant, was sagen Sie dazu!« Schaffusz kommt aber nicht dazu, seine Ansicht über diese Kampfesweise an den Mann zu bringen, weil der Ringkämpfer mit aller Entrüstung weiterfährt: »Lump, schrei ich, was willst! Naufkniegln willst dich auf mich!?? Hanswurscht, trauriger ...« Und dann beschreibt er etwas sonderbar, grausige Augenblicke mit Athletenfachworten schildernd, wie der Franzose in seinen Händen stirbt ...

»Und dann?« fragt Schaffusz.

»Ja, der Bajonettstich halt. Auf einmal hat's mich auch packt – da hab ich halt mein Geist aufgebn.« Lang scheint aber der Ringkämpfer nicht ohne Geist gewirtschaftet zuhaben; die Sanitäter fanden ihn, und er genas in der Folge wieder zum Riesen von ehedem.

»Und jetzt solln sieben oder acht kommen, ein Franzos um den andern – Herr Oberleutnant, fragen S' nur den Cyganiewicz, der wo bei die Österreicher dient – mit dem hab ich schon einmal gerungen, ich glaub in der Alhambra. Sie, der hat aber Augen gemacht ...«

Und dann der feldgraue Clown

Übrigens ist eine ganz große Anzahl von fahrenden Leuten, die wir aus der Manege und aus dem Varieté kennen, im deutschen Heer – starke Männer wie vordem, nur ihre Namen haben sich wesentlich geändert. Zwei ehemalige »Brothers« kenn' ich, die der Krieg auseinandergerissen hat; der eine »arbeitet« bei der Fußartillerie, der andere reitet – gute deutsche Soldaten, die zwei alten »Brothers«. Und jüngst traf ich einen Mann der 2. bayrischen Trainkolonne des III. Korps, der mir in friedlichen Zeiten schon manchen Spaß gemacht hat: einen Clown. Heut der Soldat Joseph Gechter aus der Erlanger Gegend, früher der berühmte »August« vom Schichtl.

Halt – wo lebt der Leser, der den alten Schichtl nicht gekannt hat? In einer deutschen Kleinstadt sicherlich nicht; es gibt keine, die der Zirkus Schichtl nicht besucht hat. Und also kennt der Leser aus der Kleinstadt auch meinen berühmten »August« Joseph Gechter und begreift die Form seiner Begrüßung: »Gel' da schaun S'! Jetzt ham sich die Gspaß aufghört – der August haut. Nur hereinspaziert, meine Herrschaften, gleich wird der weltberühmte August die Franzosen klopfen!« (Übrigens ein prächtiger und schneidiger Soldat, der August, wie mir Rittmeister Delß erzählte.) »August, der berühmte Militärkriegssoldat, wird sofort auf dem Kriegsschauplatz erscheinen! Kassakassakassa! Eben poliert er sein Banganett mit Geduld und Spucke! Ahhhhhhhhhhh – da muß man hineingetreten haben! Kassakassakassa! Die Vorstellung wird sofort –.« Aber die Vorstellung begann nicht; denn ich traf den tapfern August mitten in Metz, und seine lauten Worte ließen einen Feldwebel den Kopf verdächtig rasch nach dem Manne mit dem Ausruferorgan umdrehen. Und der Militärkriegssoldat dämpfte seine Stimme bis zum Flüstern und sagte: »Wissn S', Gspaß muß sein; der Gspaß ist mein Brot und mein einzigs Glück. Und wissn S', was noch mein einzigs Glück is?« (Woher sollte ich sein einziges Glück Nummer 2 kennen?) »Mein einzigs Glück is die Köchin und das Stubenmadl von Herrn Kommerzienrat X in Bamberg.« Er klopfte an seine Brust und holte sein tiefstes Schichtlpathos heraus: »Liebesgaben schicken s'! Die guten Fünferzigarren! Wissn S', warum ich diese Zigarrn allweil Freimaurerzigarrn heiß?«

Auch diese Frage konnte ich nicht beantworten.

Er schüttelte mit ernstem Bedauern den Kopf: »Ihnen kann man aber viel fragn, werter Herr, ohne daß Sie was wissen. Wenn ich ein Gstudierter wär, mein liaber Herr – – «

»Mein liaber August: was sind also Freimaurerzigarrn?«

»Die, wo nur ein Maurer, und der nur im Freien rauchen kann – verstehn S' mih?« Ich verstand und gab ihm eine Salonzigarre.

Sieh, schon hat er sie angezündet und raucht sie im Freien.

Wasser, Wasser! In den heißen Augustwochen lag der Staub handhoch über den Straßen, wirbelte unter den Reifen der Räder und dem Paß der Kolonnen auf und übertünchte Armeen. Verdorrt der Schlund, gereizt die Kehle, verstaubt die Lippen – Wasser, Wasser! Magere üble Brunnen in weiter Ferne und ihre Wasser seuchenverdächtig. Unzählige Tafeln an vorweltlichen Zisternen und verwahrlosten Pumpbrunnen: »Kein Trinkwasser!«

Es war eine harte Zeit der Not. Man suchte in feindlichen Dörfern verzweifelt nach Flüssigkeiten. Es war wenig Wein, den der uniformierte Feind nicht getrunken und der nichtuniformierte nicht versteckt hatte. Da und dort ein Faß Säuerling – man stöberte Flaschengeschirr auf und mühte sich, im gierigen Füllen die Disziplin zu halten und den Gutschein zu kritzeln, der dem Bauern selbst bei etwas unverschämten Tarifen nicht vorenthalten wurde. Und nach dem Requirieren, dem Füllen und Gutscheinschreiben und nach dem Verteilen endlich der Trunk.

Endlich der Trunk ...

Und der Bauer besah mißtrauisch seinen Schein und lief um sein Geld. Es ereignete sich, daß einer der Requirierenden mit einem schönen Ballon Wein vor der üblichen rechnungsmäßigen Erledigung zu seinen Kameraden eilen wollte – »Halt!« schrie der Leutnant (und auch seine Stimme klang vom Dürsten heiser), »halt! Zuerst der Bon!« Und der Soldat eilte gehorsam die Kellerstiege zurück und stolperte, und der schöne Wein färbte die Stiegen. »Ach, Herr Leutnant, hätten S' halt nix g'sagt – is ja so schad, soviel schad ...« Und ein Fliegerleutnant brummte daneben, nicht ohne Stolz im brummenden Ton: »Und schade für das protzige Papierchen auf deutsche Ehrlichkeit – man kennt die Hand nicht, in die man es hineinlegt!«

Denn es war im unsicheren Feindesland, und die Hände, die schweres Geld für wenig Essen und Trinken nahmen, konnten blutschuldig sein.

***

Bei Moyenvic, also gerade noch auf deutschem Boden, glaubte ein Werkmeister der Kraftfahrerabteilung am 28. August in einem etwas verfallenen Gute einen Weinkeller entdeckt zu haben. Seine Meldung kam in schwere Dursttage hinein, und ein Unteroffizier stieg mit sechs Mann, die mit voller Ausrüstung miteilten, abends noch den Hügel hinan, um den kostbaren Schatz zu heben. Denn, erzählte der Werkmeister, der Keller ist frisch verschüttet, da heißt's graben.

Aber das Gut sah sonderbar verlassen aus und glich, als man es nach dreiviertelstündigem Aufstieg über steiles Gelände erreichte und mit Lichtern absuchte, auf ein Haar einem verwunschenen Schloß. Auch gut – wenn es nur die in verwunschenen Schlössern üblichen Schätze barg, Wein, Wein, Wein vor allen Dingen!

Und die kleine Mannschaft grub an dem verschütteten Keller im Schweiß und Durst. Und dann kam eine Quadermauer zum Vorschein und dann ein alter – Brunnen mit stinkendem Wasser, in das erschrockene Kröten plumpsten …

Und schon eilten auch Offiziere herbei, nach dem nassen Schatz nicht weniger lüstern. Und sahen Wasser, Wasser und hörten Kröten plumpsen …

Vier Eimer, die man mitgenommen hatte – sollten sie leer bleiben? In einem verwilderten Garten wucherten Bohnen; man pflückte in dunkler Nacht und marschierte langsam und schweigend nach der Feldküche.

Und andern Tags sagte der Oberleutnant: »Da oben auf dem Gut braucht ihr nichts zu suchen: es ist seit 70 Jahren verlassen und verfallen …«

***

In Baccarat sollen bayrische Brauer, die in der Nähe gelagert hatten, nicht weniger als 15 000 Liter Bier gebraut haben. Die Mär habe ich von bayrischen Soldaten, die an dem schönen »Ausstoß« mitgetrunken haben wollen. Sie ist vielleicht glaubwürdig: die Brauerei und alle Rohstoffe sind am Ort, und es galt Flüssigkeiten zu beschaffen, da es gefährlich war, aus den verseuchten französischen Brunnen zu trinken.

Aber als guter Altbayer muß ich zu der feinen Mär einiges nachrechnen: mit dem Brauen hat's pressiert, wenn auch die Brauer abkommandiert waren, mit dem Kühlen hat's pressiert und mit dem Trinken noch mehr – ihr Münchner Leutl, das mag ein Trunk gewesen sein, das Bier aus dem Kriegsbräu zu Baccarat!

Ungefähr ein Bier wie das von Ainville. Da gibt es eine sehr große französische Brauerei, auf die eine brave alte Frau einen Münchener

Fliegerleutnant in gebrochenem Deutsch aufmerksam gemacht hatte, (Denn nirgends war Wein oder Bier zu finden gewesen, und unsere Leute hatten eine Labung dringend nötig.) So fuhren vier Mann abends mit einem Auto bei der vom Ort abseits gelegenen Brauerei vor und requirierten zwei Fässer, eins mit 50 und eins mit 60 Litern, und brachten sie nach dem Flugpark – spät nachts. In der Frühe stellte sich heraus, daß eines dieser Fässer – sagen wir: ausgelaufen war. Aber auch der Inhalt des anderen schmeckte vorzüglich.

Vom feldgrauen Schüttelreim

Wahrhaftig, seltsame Dinge erfährt man im Felde! Da fragte mich Hauptmann Günther von den Vierten Bayern ganz unvermittelt: »Kennen Sie Grütze?« Ja, immerhin, Grütze kannte ich; aber bei uns in Südbayern – wer ißt bei uns Grütze? Der Hauptmann ließ mich nicht los: »Bei uns in der Pfalz wird Grütze gegessen, natürlich. Und wissen Sie, wie man sie zubereitet?«

»Keine Ahnung.«

»Man schabt sie zuerst …«

»Aber mein lieber Herr Hauptmann …«

»Warum soll man Grütze nicht schaben? Das wär' doch zum Teufelholen, wenn man Grütze nicht schaben – – – glauben Sie wirklich nicht, daß man Grütze schabt???«

Er hängte so viele Fragezeichen an den merkwürdigen Satz, daß ich mich verpflichtet fühlte, das Geschabtwerden von Grütze anzunehmen. Vielleicht schabe man Grütze sogar ganz sicher, betonte ich. Und ich hätte früher in meinen Mußestunden nichts lieber als Kochbücher gelesen: »Die gute böhmische Köchin«, »Die große deutsche Küche«, »Die bayrische Hausfrau als Köchin« – ich log Titel um Titel von Büchern herunter, deren Dasein ich vermutete. Und in allen diesen Büchern sei die eindringliche Mahnung zu finden: schabt Grütze, schabt Grütze! …

»Na also«, sagte der Hauptmann erleichtert und füllte mein Glas auf (denn wir saßen im improvisierten allgemeinen Militärkasino in … an der Côte Lorraine), »na also«, sagte er und trank mir zu, »dann müssen Sie den Schüttelreim hören, den ich gestern erfunden habe:

Am heimischen Herd sie Grütze schaben –
wir liegen in dem Schützengraben …«

Grausam ist das. Vor Verdun Schüttelreime auf Unmöglichkeiten. Aber der Hauptmann hob sein Glas noch einmal und sagte seelenruhig: »Ich hab' noch einen Schüttelreim:

Der üppige Franzmann preist den Hummer –
Ob er willkommen heißt den Brummer?«

In der Nähe wurden ein paar kräftige Schüsse gelöst, deren Geräusch angenehm von deklamierten Schüttelreimen abstach. »Das ist Musik«, behauptete der sächsische Rittmeister, der mit uns bei der Pulle saß, »im Vergleich mit deiner Poesie wenigstens. Dein Wohl, Hauptmann, und einen Orden fürs Dichten!«

Aber der Pfälzer gab ganz trocken zurück: »Orden! Natürlich krieg ich einen Orden – ich hab' ihn mir auf der Côte Lorraine ehrlich verdient. Kennt ihr den bayrischen Verdienstorden? Inschrift: Merenti. Und mit Recht: dem Verdienste. Mer rennt die Côte nauf, mer rennt die Côte runter. Kinder, diese Ordensinschriften haben schon ihren tieferen Sinn …«

Na, diesen Kalauerabend in Geschütznähe vergeß ich nie. Dem Datum nach überhaupt nicht: es war am Neujahrstag, und die Bayern waren aus ihren Schützengräben auf der Côte abgelöst worden und freuten sich sehr über die Quartiere in dem französischen Dörfchen. Und wie gesagt: es gab ein Offizierkasino, das Rittmeister Hartung, der Platzkommandant von … begründet, bemuttert und geschmückt hatte – ein Kasino aus dem FF.

Ein Kasino im Felde

Was so ein Platzkommandant alles ausschnüffelt: da drüben bei den …ten Bayern steckte ein Soldat, der zu Friedenszeiten Bilder malt, Segieth von der Münchner »Jugend«. Und der Rittmeister ließ seinen Gaul satteln und trabte bei dem andern bayrischen Völkerstamme an: »Kinder, wollt ihr mir den Meister Segieth nicht ausleihen?« Na, Segieth wurde ausgeliehen und zum Schlachtenmaler berufen. Und heute schmücken die Wände einer fabelhaft großen französischen Bauernstube ganz reizvolle Fresken: der sehr verblüffte englische Leu, der den bayrischen anziehen sieht, französische Heere, die in Kathedralen Schutz vor den Projektilen der Boches suchen, ein türkischer Harem, der den ausziehenden osmanischen Kriegern zuklatscht. Und nicht zu vergessen: eine schöne Wandreihe fliehender Franzosen!

Das ist also zu sehen im allgemeinen Militärkasino zum Blauen Hecht in …, Wittelsbacher Straße Nummer 22. Das Haus, lieber Leser, kannst du unmöglich verfehlen; wenn du in den nächsten Tagen nach Frankreich kommst. Achte genau auf die breite Straße, die den Ort von Süden nach Osten durchschneidet. Und wenn du in der Mitte der Straße links einen blechernen blauangestrichenen Fisch über einem Tor baumeln siehst, und wenn du erschrickst vor ein paar steinernen (selbstverständlich requirierten) Löwen, die das Tor bewachen, dann bist du an Ort und Stelle.

Weihnachten

Und hier feierten wir Neujahr. Unmittelbar vorher Weihnachten, denn die Leute, die auf der Côte so nah vor dem Feind liegen, hatten das Fest verschoben bis zu ihrer Rückkehr in die Quartiere.

Ich vergesse dieses verspätete Feldweihnachten nie. Ich las so viele Zeilen in den Zeitungen: Feldweihnacht! Feldweihnacht! Aber sie griffen mir nicht ans Herz. Und ich versteh's auch nicht, dieses Feldweihnachten richtig zu schildern. Auch der Feldprediger verstand nicht, das zu sagen, was in ihm sprach und was ihm die Stimme manchmal seltsam heiser machte. Es war schön und groß, das deutsche Fest, und die merkwürdige Umgebung und die Nacht im feindlichen Land machten es schöner und größer. Ich ging aus einer dieser Scheunen, in denen ich ein deutsches Weihnachtslied hörte, wie ein Betrunkener hinaus.

Dann Silvester im Kasino. Der bayrische General Riedl, ein kraftvoller Soldat, bärenhaft breit. Und Augen, wie Kinder sie haben. Eine feine Wärme geht von dem Manne aus. Aber in seiner Neujahrsrede hörte man Schwerter klirren. Und das war der Schluß seiner Rede: »Nieder mit England! Es lebe Deutschland!« – Waren das wundervolle Menschen. Oberst Kleinhenz: die Leute sprechen verliebt von ihm.

Am dämmernden Morgen des neuen Jahres saß ich noch mit einem zusammengeschmolzenen Häuflein zusammen. Es war kühl geworden, aber wir wärmten uns an unserer Begeisterung. Und nebenbei waren wir bayrischen Stammes und tranken auf diesen Stamm. Rittmeister Hartung, der Sachse, tat kräftig mit. Und so ward er der dritte in einem ganz winzig gewordenen Bunde, der ums Morgengrauen ein bayrisches Soldatenliedl zu dichten beschloß. Und weil heute dieses Soldatenliedl mit dem lustigen Kehrreim gesungen wird:

> Woran ich meine, woran ich meine,
> woran ichs meine Freude hab –,

wollen wir das an einem seltsamen Platz und in seltsamen Umständen geschusterte Lied steigen lassen:

> Heunt sinds wir noch in dem Quartiere,
> das Mädchen gibts uns seinen Kuß;
> sie darf uns ja den Stiefel schmieren,
> wo auf die Côt' Lorraine muß.
>
> Wohl andre, die seins große Herren
> und essens Braten mit Salat;
> an ihre Freuden denkt von ferne
> Im Schützengraben der Soldat.
>
> Der Rothschild ghörts zu den Baronen,
> er hat den Taler in der Hand;
> wir essens Erbsen und die Bohnen
> wohl für das teure Vaterland.
>
> Gehns wir zur Donau, gehns wir zum Rheine?
> Gehns wir wohl auf das München hin?
> Nein nein, wir gehn zur Côt' Lorraine,
> da wo die Schützengraben sin.

Wir gehens ja zu dem Franzosen,
der wo den Krieg hat aufgebracht;
wir spannens ihm die roten Hosen –
das müßts ihr hören, wie das kracht!

Es krachet in der Côt' Lorraine,
die wo kein Mensch gar niemals kennt;
der Lehrer weiß es nur alleine,
daß man sie auf Französisch nennt.

Sie habet ja nicht dringestanden
in unserm Katechisimus;
es macht uns dieses keine Schande,
wenn man den Feind erschießen muß.

Der Hauptmann hat uns ja gesaget:
ihr tuts die Vierten Bayern sein,
die wo den Watschenbaum hintragen
wohl auf die schöne Côt' Lorrain'.

Der Hauptmann hat uns ja geschliffen
an dem Gewehr das Banganett,
das wo hinein in den Pariser
und wo auch wieder außer geht.

Nicht wahr, so arg übel ist das Bayernliedl in Anbetracht der besonderen Umstände nicht ausgefallen?

Aber der Setzer wird bei dem Wörtl »Watschenbaum« leise seufzen und sehr bedauern, daß es nicht zum allgemeinen deutschen Sprachschatze gehört. Und er erinnert sich an seine Lehrzeit in der Münchner Offizin meines Freundes Beppi. »Lausbua«, pflegte mein Freund Beppi oft und laut zu sagen, »glei werd der Watschenbaum wieder umfallen!« Und er erhob drohend seinen starken Arm. Seht, der starke Arm ist der Baum, an dem die rare Frucht wächst: die Watsche. Als ihr der Setzer über der Maingrenze wieder begegnete, hatte sie sich an Form und Gehalt nicht verändert; aber böse Menschen hatten sie in Backpfeife umgetauft. Aber einen Backpfeifenbaum haben sie halt nicht im Norden!

Weihnachten in der Feldbäckerei

Weihnachten unterm richtigen Datum hatte ich bei der Feldbäckereikolonne Nr. 2 des III. Bayrischen Armeekorps gefeiert, bei der »schwaaren Loabi-Batterie«, wie ihr Spitzname beim Train heißt.

Die Bäcker: Helden hinter der Front. Hart arbeitende Männer – zwei Bäckereikolonnen haben ein ganzes Armeekorps mit Brot zu versorgen, so daß mithin eine Kolonne von 188 Mann täglich 10000 Brote, jedes zu drei Pfund, fertigstellen muß. Die Leute arbeiten in zwei Schichten zu je zwölf Stunden; zu diesen zwölf Stunden kommen vier Stunden Arbeitsdienst: Brotverladen, Mehltransport, Holzmachen. Dazu jeden zweiten Tag zwei Stunden Unterricht, Exerzieren und Schießausbildung. Und außerdem hat eben jeder Mann für Instandhaltung von Kleidung und Wäsche wiederum einige Zeit aufzuwenden, – man mag daraus berechnen, was der Feldbäcker zu leisten hat. Und sechs Monate lang keinen Rasttag. Habe ich unrecht, wenn ich diese Leute Helden hinter der Front nenne?

Die Leute der zweiten Kolonne setzen sich zumeist aus Niederbayern und Oberpfälzern zusammen, unausgebildeten Ersatzreservisten, deren militärische Ausbildung neben der Bäckertätigkeit hergeht. Und trotz harten Schaffens waren sie alle fröhlich am Weihnachtsabend. Die alten Späße und Frozzeleien zwischen Trainfahrern und Bäckern gingen hin und her, und ein kleines Spiel »Instruktionsstunde« machte den Laien mit alten Soldatenscherzen bekannt: der Backofen – das Loabikrematorium; die Bäcker – Loabischmied, Loabidrechsler, Toagbuam; der Rittmeister der Kolonne – der Loabigeneral; der Leutnant – der Toag-Portepee; der Feldwebel – der Toag-Bize. Und der Proviantmeister war zum Toaghäuptling ernannt.

Rittmeister Delß, der Führer der Kolonne, lachte herzlich zu den Späßen seiner Leute. »Wenn sie nur froh sind, die Leute! Diese harte Arbeit verlangt viel Opfermut. Herrlich, was für ein Geist in diesen Leuten steckt. Und wenn man bedenkt, wie gern sie alle an die Front möchten – aber sie sind eben alle ganz unentbehrlich. Sie füllen den Magen der Armee.«

Die Bäcker rühmten sich denn auch ihrer Arbeit in einem für den Abend zurecht gedichteten Liede:

An Toag, den muaßt halt bacha,
Da hilft koa Salvenkracha,
Da hilft koa schwaarer Reiter,
Koa Jaager undsoweiter,
Da hilft ja koa Hulaner nit,
Da braucht ma halt an Loabischmied,
Will ma an Scheibling bacha.
Was taat der Militärsoldat,
Der wo im Magn koan Scheibling hat,
Den wo die Bäckn bacha!

Ein buntes, quietschvergnügtes Programm. Derber Volkshumor. Eine ganze Reihe von kleinen Provinzhumoristen bäuerlichen Einschlags tauchte überraschend auf – ich möchte dieses Feldkabaret im Frieden ganz gern wieder einmal mitmachen. Da kam unter andern ein kleiner Oberpfälzer und brachte zu meinem großen Erstaunen ein altes Bauernkouplet, dem ich als Volksliedsammler seit vielen Jahren mit allem Eifer nachgespürt hatte. Der alte Totengräber von Garching hatte mir vor etlichen zehn Jahren einige wenige Zeilen des Liedes vorsingen können, aber dann versagte sein Gedächtnis, und niemand konnte mir den Faden weiterspinnen. Und dieses Weihnachten in der Feldbäckerei bringt mir den lustigen Volksliedschatz wieder. Ich beeile mich, ihn in dieses Büchl zu retten:

Jh bin a Bürscherl gwesn, oana von die Gscheidtn,
hab schmatzn und dischkriern könna mit'n Leutn;
und jetz wenn ih's machn will grad honett und fein,
und wenn ih will's Maul auftoa, fallt mir nix ein!

An Rachbern sei Weiberl, die red't von der Brust,
is a recht a schöns Trutscherl, hätt selm oft an Glust;
an Bader sei Gsöll suacht s' z' rechter Zeit haam,
sie is weiter net krank, daß er derentwegn kaam.
Z'nachst hab ih s' beim Stadl hint troffa, sie hat a Weng pfiffa,
da hat eahm da Bada an Pulst a weng griffa,
und was s' na alls tandlt ham, Nachbarn, oh mei,
und glei, wenn ih's verzähln müaßt, so fallt mir nix ei.

An Nachbern sei Fritz, der hat mir nächst an Huat auffitriebn,
hab eahm glei a paar gsteckt, bin eahm nix schuldi bliebn.
Da kimmt der Schandarm und hat mih auftapliziert
und hat mih schö sauber zum Richter hingführt.
Der ander, der spricht wia der Advokatnbauer,
und ih als grober Lümml steh da kreensauer;
nacha denk ih mir: gibst dih halt freiwillig drei,
und wia ih will's Maul auftoa, fallt mir nix ei!

Ja, Buam, jetzt sollt ih halt beichtn, dees macht mih erst hoaß,
mit die Weibsleut hab ih a diam an kloan Gspoaß;
betrogn hab ih aa a bisst im Gspiel,
was ih gstohln hab, waar weiter net viel:
Äpfl, Birn, Nuß und manchmal beizeitn
an Ochsn, a Roß und so Kloanigkeitn.
Und wenn ih's dem Pfarrer sagn will in der G'heim,
und wenn ih zum Beichtstuhl kimm, fallt mir nix ein.

Dernachst sitz ih drentn schö staad bei mein' Kruag,
da dischkriern halt die Leut so schö und so guat,
verzähln teana s' dir allerhand:
vom Kriag und vom Friedn und vom Moskauerbrand.
Ih schmatzat halt aa gern a Wörterl drei,
aber wia ih will's Maul auftoa, fallt mir nix ei.

Und wann ih amal sterbn wer,
na kimmt der Bader, der Dokter, der Pfarrer zu mir und sagn:
Geh, Hans, sag mir's von Herzn
dei Übl, dei Weh und deine Schmerzn.
Wennst mir's aufrichtig sagst, wird dir glei gholfn sei.
Und glei wenn ih sterbn müaßt, fallt mir nix ei!

Ach, ein reizender Abend, über die Backöfen waren Zelte gespannt, und riesige Holzscheite lieferten eine Wärme, die selbst den nackten Erdboden erträglich machte. Und Bier gab's – eine recht ansehnliche Liebesgabe aus Bamberg – und dann Punsch, und der Rittmeister sah fleißig nach, daß das Schankgeschäft gut verlief und die Leute einen netten Abend hätten.

»Wo ist denn der Gefreite Riedl?«

»Zu Befehl, Herr Rittmeister, der is, glaub ich, in die Kirch gangen.«

»Hm. Hebts ihm was auf!« Und dann erzählte mir der Rittmeister von diesem Riedl. Ein zweiundvierzigjähriger Mann, Forstarbeiter in Bucher bei Waldmünchen in der Oberpfalz. Sieben Kinder hat er zu Hause; vier Mädel, von denen die älteste, siebzehnjährige, im Dienst ist und sich selbst ernähren kann. Die andern drei zwei, neun und elf Jahre alt. Dann drei Buben von vier, sechs und vierzehn Jahren. Daß Gott erbarm und die Menschen. Bei dieser Stube voll Kinder kann die Frau nichts mehr außer Hause schaffen. Der staatliche Zuschuß wird wohl einige Not lindern. Und dann schickt der brave Mensch alle zehn Tage seine Gefreitenlöhnung nach Hause – sechs Mark dreißig. Der Zahlmeister erzählte mir, daß zu jeder Dekade die Postanweisung da liege – nicht ein Zehnpfennigstück verwendet der Mann für sich. Und nicht ein einziges Mal …

An diesem Weihnachtsabend schlich er in die Kirche. Als er spät abends in die Gesellschaft seiner lustigen Kameraden kam, setzte er sich still und freundlich zu den Älteren und trank ein Glas Bier, ruhig und langsam. Er war das Getränk wohl nicht mehr gewöhnt – es mundete ihm kein zweites. Er ging schlafen, um sich für einen neuen Tag schwerer Arbeit zu stärken.

Ein Held hinter der Front.

Von einem französischen Käppi und anderen französischen Dingen

Eine trübselige Geschichte: das französische Käppi muß er wieder hergeben, der Empfenzeder. Es, ist ein Regimentsbefehl da, daß es scharf verboten ist, vom Feind irgendwas zu haben. Und sogar die Käppi müssen eingeliefert werden. »Die wern auf Deutschland hinteri geschickt«, sagt der Furtmayr (der immer gleich alles bis aufs Tüpferl genau weiß), »die kommen aufs Ministeri, da wern sie aufgetrennt. Und da macht der Staat wollene Decken draus für uns.«

»Autsch, autsch«, brummt der Empfenzeder und zieht das zerbeulte Käppi aus dem Tornister und ist ganz wütend auf den Befehl. Grad dieses Käppi hätt' er der Resl mitbringen wollen aus Frankreich, daß sie auch weiß, wie's im Krieg zugeht, wo einer dem andern den Hut vom Kopf haut. Der Minister – hat der nix Bessers zu tun als wie französische Soldatenkäppi aufzutrennen und Decken daraus zu machen???

»Und überhaupts!« brummt der Empfenzeder. »Und wann der Krieg aus is und wir ziehn in München ein beim Siegestor: die Resl wird ganz gwiß aus Lenggries auf München hereinreisen und beim Siegestor stehn und warten, bis der Ihrige kommt, und wird eine Freud haben, wenn sie ihn sieht, und wird eine Freud haben, wenn sie seinen Tornister sieht, und wird sich denken: ›Aha, da is was für mich drin! Da hat er mir was mitbracht vom Krieg!‹«

Ja, Schnecken!

Und die Münchner werden rechts und links stehn wie Anno Einundsiebzig (der Großvater hat's erzählt), und werden schrein wie die Lämmergeier: hoch und hoch und abermals hoch! Und der Empfenzeder, denkt er sich, der marschiert daher, und es freut ihn die ganze Leich nicht mehr. Is ja das Käppi nicht mehr drin im Tornister, nicht wahr? Und da steht die Resl und sieht den Ihrigen und schreit mit den Münchnern und denkt sich: In dem Tornister, da is für mich was drin …

Ein trauriger Reisender, der nix heimbringt von der Fremd. Und gar vom Krieg – die sagen daheim gleich: der Empfenzeder, der hat halt keine Schneid nicht ghabt und hat die Türkl gforchten und hat sich keinen Franzosen nicht anrühren traut. Wo sind denn die Gwehr, die er ihnen abgnommen hat? Wo sind denn die Tornister, die sie ihm haben abliefern müssen? Und wo sind denn die französischen Dekkelhüt, die er ihnen herabgeschlagen hat? Han? Das muß ein trauriger Kamerad gwesen sein, der Empfenzeder! Daß der Kaiser seine Leut nicht besser angschaut hat vorher. Oder hat er sich an der Grenz rumdruckt, der Bursch, und hat sich überhaupts nicht aufs Frankreich hinteri traut? …

Aber weil der Empfenzeder ein lieber altbayrischer Kerl ist, hab' ich ihm die Gedanken aus dem Schädel trieben. »Empfenzeder, du bist schon der Recht! Soll dir einer was sagen in Lenggries, dann schreibst mir. Und dann komm ich, und dann red ich mit denen!« Jetzt schaut er gläubig zu mir auf, der Empfenzeder, ich weiß, was er denkt: ich kenn dich schon mit deiner Bratlgoschen und deinem geschliffenen Maul – und ich schreib dirs schon, wanns so weit is.

»Weißt, Empfenzeder, was du heimbringen mußt? Die französisch Sprach mußt heimbringen. Französisch mußt lernen. Da werden sie schaun in Lenggries, wenn du mit der französischen Sprach rausruckst!«

Sieh, der Gedanke war gut, und der Empfenzeder steckte sich hinter ein Bauernmädel in St. Benoit, fuchtelte mit erregten Armen und sagte ein ums andere Mal: »Was heißt das auf Frassäh?« Als sie lächelte und mit den Achseln zuckte, wurde er der Ansicht, daß man sich durch sehr lautes Sprechen eher verständlich machen könne, und schrie fortwährend: »Was heißt das auf Frassäh, wenn ich auf mein Maul hinglang und wann ich auf meine Hand zeig – was heißt das alles auf Frassäh?«

Recht hatte er: erst als er sehr schrie, begriff ihn das Mädel. Und der Unterricht begann.

Man konnte vom Garten so schön durchs Küchenfenster lugen, ohne daß es der brave Empfenzeder merkte. Es war ganz wundervoll. Er deutete auf den Mund, nach Schuhplattlerart, indem er mit der flachen Hand kräftig auf seine Lippen schlug.

»Ah«, lächelte das Mädchen von Benoit: »Baiser!«

»Beseh!« wiederholte der Empfenzeder quietschvergnügt. »Also Beseh hoaßt's. Und was hoaßt nachher dees?« Er rieb mit starker Faust seine Magengegend.

Das Mädel sandte immer ein Lächeln vor ihre Erklärungen. Der Unterricht machte ihr Spaß, und nach ein paar Tagen war der Empfenzeder bereits im Begriffe, sich zum Neuphilologen zu entwickeln. Ich fragte ihn: »Na, was kannst schon alles, Empfenzeder?«

»Oh, an ganzn Haufn! Der Mund, dees hoaßt ma Beseh. Und der Magen, dees is der Malde Wanter.«

»Malde Wanter???« Wenn ich nicht damals gerade zugeguckt hätte, wie er seinen Bauch so athletisch rieb, wäre ich nie auf des Rätsels Lösung gekommen. Aber so: das Mädel hatte ihn gründlich mißverstanden und aus dem *ventre* war ein *mal de ventre* geworden.

»Und der Gluckgluck«, sagte der Empfenzeder fröhlich und machte die internationale Gebärde des Trinkens, »dees hoaßt ma Diwan.«

»Diwan??? Empfenzeder, das wird nicht ganz richtig sein: Diwan is was zum Sitzen. Oder zum Schlafen. Hast du's vielleicht so gemacht?« – ich legte die Rechte hinter's Ohr und neigte den Kopf zurück: schlafen.

»Nana, dees hoaßt ja kuscheh – da macht mir koaner nix weiß. Dees muaß ih wissn, daß ma dees kuscheh hoaßt! Ja, was waar denn net dees?« Er sah mich sehr mißtrauisch an und zweifelte an meinen Sprachkenntnissen.

»Aber, Diwan, Empfenzeder, Diwan – du weißt doch, was man so einen Diwan nennt: ein Kanapee, wie's die Stadtleut haben! Mit dem Trinken hat das nix zu tun!«

Er kratzte sich hinterm Ohr. »Aber wenn die sagt, daß es Diwan hoaßt, net wahr, dann hoaßt's halt Diwan, wann einer trinkt. Die taat's doch net sagn. Nanana, lieber Herr, Diwan, dees is der Gluckgluck, da macht mir koaner nix weiß ...« Und er schied erzürnt.

Na ja, am selben Tag noch sprach ich mit dem Mädel. »Oh«, sagte sie, *»il a fait comme si* (sie machte die Handbewegung des Trinkens) *pour demander du vin ...«*

Du vin!

Ein bayrischer Trunk im Belgischen

Weil wir gerade vom Trinken und Dolmetschen reden: das war am 12. Dezember in Dinant, und der Belgier, dem das Kaffeehaus »*Chez Félicien*« gehörte, vergaß über dem Durst der bayrischen Landsturmmänner völlig seine nationalen Rachebedürfnisse. Er mühte sich sogar, deutsche Brocken zu lernen, um die Wünsche seiner Gäste schneller zu ergründen. Und was dem Wirt zum Félicien am besten gefiel im deutschen Sprachschatz, das war so eine Art Münchner Nationalgesang, wie er sich am liebsten beim Oktoberfest austobt: oans, zwoa, drei – gsuffaaaa! Denn an solchen schönen Gesängen verdienen die Wirte ein Erkleckliches.

Am besagten 12. Dezember abends saßen also unsere Leute wieder beim Félicien, und es gab einen Landsturmgeiger und einen Landsturmklavierspieler, die den Abend verschönern sollten. Der Geiger war nicht schlecht, der Mann am Klavier aber entpuppte sich als ein blutiger Anfänger. Er starrte angestrengt auf die Tasten, wütete unter ihnen wie unter Engländern und zählte mit kindlichem Bemühn den Dreivierteltakt ab: eins, zwei, drei, eins, zwei, drei. Und sein Murmeln wurde mit zunehmender Mühe lauter und lauter: eins, zwei, drei – –

Der Wirt zum Félicien machte gewinnfrohe Augen. Eins, zwei, drei, zählte er begeistert mit, »eins zwei, drei«, und seine Augen leuchteten. Und dann wurden sie immer trüber, diese Augen, und der belgische Haß glomm in ihnen auf: diese Barbaren, sie wollen mich uzen! Eins, zwei, drei – warum wollen sie das erlösende Wort nicht sprechen? Er setzte sich näher an den Klavierspieler. Und der immer: eins, zwei, drei …

»Xuffa!« schrie der belgische Mann plötzlich in die Menge.

Der Geiger unterbrach sein Spiel, der Klavierspieler nahm die Hände von den Tasten, und ein brüllendes Gelächter brach los. Und befriedigt hörte der Wirt zum Félicien den heraufbeschworenen Trinkspruch an und füllte wieder Krug um Krug.

Der Kampf der Wacht am Rhein mit der Marseillaise

Von einer wunderschönen Abendsitzung ist aus Pont-à-Mousson zu berichten, aus der Zeit, da wir den Ort trotz der dräuenden Nähe der Touler Festungsgeschütze einige Tage besetzt hielten. Am 11. September abends marschierten die Bayern ein; am 13. morgens vier Uhr zogen sie unter brüllender Kanonade lustig ab.

Am ersten Abend waren die Offiziere ins Hotel de Providence gegangen und lasen vergnügt die abendlichen Gazetten und ihre Berichte über den Einzug der Bayern. Entweder waren die Zeitungsleute sehr ehrlich oder sehr vorsichtig gewesen: sie lobten den Reinlichkeitssinn der Truppen sehr und vermerkten aufdringlich, daß jetzt endlich der schauerliche Unrat aus den französischen Kasernen verschwunden sei. Aber sie schilderten auch die Größe der Schmerzen, die über Pont-à-Mousson in dem Augenblick hereinbrachen, als die Bayern die deutschen Fahnen über dem Rathaus und den anderen öffentlichen Gebäuden hißten.

Na, man lächelte zu diesem Schmerz der Gazetten, und nach dem Abendessen setzte man sich gemütlich zusammen, und ein musikalischer Leutnant ging an den Flügel. »Meine Herrschaften, es kommt zum Vortrag: der Kampf der Wacht am Rhein mit der Marseillaise!«

Allerhand Hochachtung: der kleine bayrische Leutnant hatte sich eine ganz nette Aufgabe gestellt. Und löste sie auch: die Marseillaise begann, und andere französische Lieblingslieder klangen hinterdrein – ah, sagten die Küchenmädel und was sonst an weiblichem Personal an der Türe lauschend stand, sie spielen die Marseillaise! Und ihre Augen glänzten Wohlgefallen, und ein paar der Mädel eilten in die Küche und schrien der Patronin zu: »*Madame, madame, venez vite!«* Aber als die alte Dame langsam heranwatschelte, um sich an der Marseillaise zu erfreuen, da hatte eben die Wacht am Rhein den ersten Streich nach der französischen Hymne geschlagen und löste ihre letzten Akkorde in das mächtigere deutsche Thema auf.

Und Madame war entrüstet und zog sich wieder in ihre Küche zurück. Aber da waren die Mädel schon wieder da: *»Madame, venez vite!«* Madame ging diesmal – röteren Kopfes – etwas schneller. Ein paar Akkorde des heimischen Gesanges konnte sie noch erhaschen; die Marseillaise hatte eben noch eine verzweifelte Defensive unternommen, aber da brauste schon wieder der Ruf wie Donnerhall über wimmernden französischen Tönen hinweg, und Madame erblaßte sehr.

Doch Leutnants sind immer nette Menschen den Damen gegenüber – es kam der *Chant de victoire* über den Flügel gerauscht und hinter ihm der liebenswürdige Zapfenstreich *Sambre et Meuse* – den sich übrigens der Kaiser in den Manövern von 1909 vorspielen ließ. Und schließlich verschwanden wieder Siegesgesang und Zapfenstreich, und ihre Akkorde zerschwammen in dem mächtigsten der deutschen Lieder.

Die Marseillaise war geschlagen – die Wacht am Rhein hatte gesiegt.

Andern Tags sprach man in Pont-à-Mousson weder von Boches noch von Barbares, sondern von Bavarois, die äußerst nette Menschen seien – wenn sie nur nicht die französischen Fahnen entfernt und durch deutsche ersetzt hätten. Und dann immer diese Wacht am Rhein …

Und in den Gazetten standen wieder Artikel: »Die Deutschen haben die Verwaltung der Stadt in die Hand genommen und wissen alle Artigkeit in solchen Dingen zu wahren. Man kommt gut mit ihnen aus und vor allen Dingen: sie bezahlen alles mit barer Münze.« Der Ortskommandant, Oberstleutnant Staubwasser, versammelte die Gemeinderäte, bot ihnen Zigaretten an, und die Leute sagten höflich: Reden Sie ruhig deutsch. Und der Bürgermeister sagte, nicht ohne Leid in der Stimme: »Schöne Leute haben Sie!«

»Ja, Herr Bürgermeister, wir haben noch viel mehr und noch viel bessere. Wir sind bloß Bayern …«

Oh, Bayern … Und das Murmeln des Gemeinderats ließ die Anschauung ersterben, die man aus dem »Matin« übernommen hatte, daß die Bayern wohl kaum mit dem Kaiser ziehen würden.

Vor den Arkaden zu Pont-à-Mousson stehen die Leutnants – wie im Frieden. Sie lachen, plaudern und rauchen. Und das große Modehaus – schau, wie die kleinen Ladenmädel aus den Fenstern gucken! Und jetzt schieben sie sich vor die Türen – wie in Frieden.

Champagner und Granaten

Man wollte vielleicht etwas länger in der Stadt bleiben; jedenfalls hatten sich in dieser Erwartung einige Offiziere im Hotel de la Poste recht häuslich niedergelassen, und besonders in der Nacht vom 12. zum 13. gab es eine vergnügte kleine Runde von Aktiven und Reservisten, die sich in dieser ersten Feldzugzeit für lange Dauer finden und binden wollten, Kamerad zu Kamerad.

In vergnügter Sitzung verschwand der Begriff Sommerleutnant, und Freunde auf Leben und Tod kamen zusammen.

Ein epidemisches Dürsten, wie's bei solchen Verbrüderungsfesten die alte Sitte will. Und die üppigen Marken der Champagne waren billig, billig! Aber so vor dem Morgengrauen – bummbummbumm! – was fällt denn den Touler Kanonieren ein? Die schießen ja mit scharfer Munition! Bummbumm – der Bahnhof wird beschossen! Hauptmann Günther brummt: »Das ist ja einfach undenkbar! Stellt euch vor: heut haben sie mir von Pont-à-Mousson eine fabelhafte Drahtverbindung nach Wiesbaden hergestellt – ich plauderte ganz gemütlich mit meiner Frau! Die werden uns doch nicht heute schon die Verbindung mit Deutschland stören wollen?«

Aber sie störten die Verbindung wirklich und schossen weiter.

»Und wenn der Teufel auf Stelzen ginge – jetzt extra noch eine Flasche!«

Ein ganz verstörter alter Kellner wurde der Mühe des Entkorkens enthoben; man bediente sich selbst und sang ein schönes deutsches Lied zum Basse der Kanonen. Aber da schickt der General den Brigadebefehl: Abmarschieren …

Ein letzter Schluck – auf Wiedersehn, Pont-à-Mousson!

Sie zogen ab.

Der Krieger, den sie vergessen hatten

Halt: ich habe einen Mann in Pont-à-Mousson vergessen! Man darf's mir nicht übelnehmen; die marschierende Brigade hatte ihn auch vergessen.

Und das kam so: als die Bayern in Pont-à-Mousson einzogen, wurden die Bäcker zu ganzen Bergen Brotes verpflichtet. Die Bäcker murmelten: woher die Arme nehmen, um all den Teig nur zu kneten? Unsere jungen Leute sind auch im Felde!

»Stellen wir, die Arme.«

Und die Bäcker der Brigade wurden zu den Meistern von Pont-à-Mousson abkommandiert und arbeiteten da wacker. Die Meister waren's zufrieden und gingen sogar soweit, ganz deutlich ihren französischen Gehilfen zu sagen: »Schaut einmal, wie die arbeiten, die Bayern! Wie wär's, wenn ihr euch ein Beispiel ...«

Und da war also ein bayrischer Militärsoldat und Bäckergesell, der schuf da auch mit gesunden Armen, schlief seine paar Bäcker-Stünderl, wenn's Zeit dazu gab, arbeitete wieder und schlief wieder. Und als er wieder einmal schlief, am 13. morgens um vier Uhr, da zogen seine Kameraden ab.

Er merkte nichts davon und arbeitete weiter. Aber von seiner Backstube aus konnte er aufs Rathaus gucken, von dem die deutsche Fahne stolz im Morgenwinde über Pont-à-Mousson flatterte. Die deutsche – »Hergottsaxn, was ham denn die für einen Fahnen nausghängt???«

Die Franzosen lächelten. »Die Trikolore«!

Der Bayer: »Wollts ihr den Fahnen gutwillig runtertun, frag ich!!!«

»Nein, die Trikolore bleibt. Und die Deutschen sind weg – so ist auch die deutsche Fahne weg, nicht wahr? Und die Trikolore bleibt – bleibst du auch?« Sie lachten sehr.

»Ih?! Fallt mir gar net ein. Ih geh.«

Er eilte, sein Gewehr aus der Kammer zu holen – es stand noch richtig da. Dann sprang er beim Tor hinaus – »*halte là*!« schrie ihm der Meister nach.

»Nix halt! Habe die Ehre!«

Da sprang ihm der Meister nach und – gab ihm einen Franken Trinkgeld. »Nimm, Bayer.« Und der Bayer nahm und ging mutterseelenallein im schärfsten Paß aus Pont-à-Mousson weg. In einem Walde erreichte er die Seinen.

»Melde gehorsamst: N. N., 4. Regiment, 2. Battalljon, 8. Kompanie.

Den Turnister hab ih nicht mehr, weils pressiert hat. Die Spitzbubenfranzosen …«

Post aus den Wolken

Das bayrische Flugzeug hatte ein Paket Zettel geladen, auf denen die jüngsten Ereignisse auf dem westlichen Kriegsschauplätze in einigen Sätzen geschildert waren. Aus persönlicher Liebhaberei hatte der Beobachter noch einige Flugblätter mitgenommen, die *»la chanson de prisonnier«*, das Lied des Gefangenen enthielten. Ein kleiner Piou-Piou besingt auf einer deutschen Festung mit tiefer Bitterkeit das Los seines Vaterlandes und seines engeren Gaus, der Normandie, und gibt in ein paar schönen Versen sein Urteil über die deutschen Barbaren ab:

En vain je cherche ces Barbares,
Qu'on nous denonça tant de fois.
Je ne les vis point dans les gares
Ou pleurait la foule parfois …

Frei übersetzt:

Ich spähte auch nach den Barbaren,
Von denen ihr so viel erzählt –
Am Bahnhof: Abschied, Menschenscharen.
Und Träne fällt. Und Träne fällt …

Westlich Saint Rémy sah ich die schmalen weißen Blätter fallen. Sie gingen wie Schneeflocken auf die Côte nieder, und aus deutschen wie französischen Gräben sah man wohl verwundert auf. Und sicher übten sie jetzt in den deutschen Gräben das *»mettre la crosse en l'air«*: die Gewehrkolben hoch – Waffenstillstand, bis die Franzosen die ihnen zugedachten Flugblätter einholen konnten. Und sicher schimpften die Franzosen in ihren Gräben wieder lebhaft, als sie den Inhalt der Zettel studiert hatten, und sicher lachten die Deutschen wieder schallend über die Wut des Gegners.

Und dabei müßten gerade die Soldaten vor Saint Remy die Verse über die deutschen Barbaren ergriffenen Herzens lesen – eingedenk furchtbarer Zeiten, in denen der kleine französische Infanterist aufatmete, wenn deutsche Arme nach ihm griffen …

Barbarentaten

In blutgedüngten Feldern, auf denen heute noch gefallene Franzosen ihres endlichen Begräbnisses harren, Leichen, auf die leichter Schnee gebettet zu sein scheint: in dunklen Nächten stahlen sich unsere Leute vor die Front in die Gefahr hinaus und gossen Kalklösung über die Toten.

Und während sie die Leichen begossen, hörten sie dann und wann ein Stöhnen, ein Ächzen.

Und diese Menschen, die der Krieg hart gemacht haben mußte, gingen hin und schleppten stöhnende Feinde mit Lebensgefahr die Höhe hinauf und retteten sie in Gehöfte.

Am schrecklichsten hatten die Franzosen im November gelitten. Ihre Leichen häuften sich vor dem Hügel – keiner der Waffenbrüder bestattete sie. Und nächtelang schrieen Verwundete nach Wasser oder nach Erlösung vom Leben. Unsere Leute waren bereit, sie einzuholen und zu bergen, aber man hatte für diese Schattierung von deutschem Barbarismus kein Verständnis. Die Genfer Abzeichen wurden beschossen, und die Verwundetenträger kehrten um und überließen es den Franzosen, ihre jammernden Kameraden zu holen. Aber die Hilfstätigkeit der Franzosen war merkwürdig lahm, und als in einer Reihe von Nächten die Hilferufe nicht enden wollten, machte es sich eine kleine Bayerngruppe zur Aufgabe, das stark beschossene, etwa 550 Meter tiefe Gelände in der Nacht abzusuchen. Eine mühevolle, zeitraubende und gefährliche Arbeit; aber man opferte lieber dem Feinde den Schlaf, als diese Schreie in der Nacht zu hören. Und die braven Kerle lösten ihre Aufgabe und kamen todmüde mit zwei armen Teufeln zurück.

Es mochte eine unendliche Beherrschung dazu gehört haben, die beiden Verwundeten über die ganze Strecke zu schleppen: sie verbreiteten einen furchtbaren Geruch. Der eine schien nah an vierzig Jahren zu sein; vielleicht hatten ihn die schweren Leiden der jüngsten Tage älter gemacht, und vielleicht trog der schwarze Vollbart. Der andere sah jünger aus, aber seine Wunden waren arg, und er blieb apathisch auf dem Fleck liegen, auf den man ihn gebettet hatte.

Der ältere zwang sich zuerst zum Sprechen: *»N'avez vous pas quelque chose de boire?«* Ein Hauptmann füllte seinen Trinkbecher mit Rotwein – der arme Teufel trank voll Gier den Becher leer. »Der Trinkbecher ist sofort zu vernichten«, bestimmte der Arzt, »die Leute sind schrecklich infiziert.«

Aber der alte Soldat sah mit wiedererweckten Augen auf: *»N'avez vous pas une cigarette?«* Als er den Rauch einzog, sah er fast glücklich aus.

»Wie lange liegen Sie schon da drunten?« fragte der Hauptmann.

»Quinze jours, mon capitaine!« Vierzehn Tage …

Und die Seinen hatten ihn nicht geholt. Wie sang der Normanne? *En vain je cherche ces Barbares …*

Ein alter Maire und eine alte Mär

Es fällt mir bei dem Wort Barbaren immer wieder das kleine bezeichnende Geschehnis ein: am 6. September zog eine bayrische Kompagnie unter Hauptmann P. in Martincourt ein.

Der Bürgermeister wurde gerufen und war blaß und schlotterte vor Angst.

Aber seine junge Frau, die man eher für seine Tochter halten mochte, stand lächelnd da und fragte nach dem üblichen Verhör mit einer Stimme, die bezaubernd nett klang: »Sagen Sie, *mon colonel*, wann man wird erschießen meine Mann? …«

Mein Freund Kersten und der Maurer Trapp

Es kam ein halb feldgrauer und halb lehmgelber Unteroffizier zu mir. »Herr Queri, an recht an schön' Gruß vom Kersten!«

Der Mann erschreckte mich. Kersten (ein jeder deutscher Turner spricht den Namen mit Hochachtung aus), Kersten wird doch nicht … Wenn ein einziges französisches Projektil den Stolz der deutschen Turnerschaft … Und außerdem hatte der französische Tagesbefehl gemeldet, daß sie einen Schützengraben gesprengt hätten, und ich wußte genau, wie dieser Graben lief: oben auf der Côte, in dreißig Meter Abstand vor dem Feind beginnend und schließlich auf sechs Meter vor dem französischen Graben endend. Ein Maschinengewehr war durch die Mine in die Höhe geschleudert worden, zwei Mann erlitten dabei ganz leichte Erschütterungen (über den Vorfall log übrigens der französische Bericht wieder einmal erklecklich), aber in einem Minengang staken zwei bayrische Helden – verschüttet.

Kersten – wenn der Mann schöne Grüße schickt, so lebt er also.

»Freilich«, sagt der Unteroffizier, »und wie! Sie wissen ja, wie er immer jammert, daß er so dick wird. Weil er keine Bewegung hat, wie er's gwöhnt is.« Ja, daran erinnerte ich mich. Als ich ihn zum letztenmal in L. traf, war der schlanke Mensch etwas beleibter geworden und sprach über diesen »Wertzuwachs« mit vielem Ärger.

Also: einen schönen Gruß vom Kersten. Und der Unteroffizier überreicht mir einen Brief, und eine Beilage dieses Briefes besteht in vielen Versen: »Im Schützengraben auf der Cot Larain, gedichtet von Paul Trapp, … Inf.-Reg., 8. Komp.« Ein Münchner, dieser Paul Trapp, und ich glaube, Maurer von Beruf. So ist sein Gedicht nicht formvollendet, aber so nett und lustig und so interessant als Dokument eines kleinen Mannes, daß ich es unbedingt hierhersetzen muß.

Vier Monat ham mir scho das Schwein
zu tüppeln auf die Cot Larain (*Côte Lorraine*).
Drei Stellunga san's, wo mir regiern,
a jede zum guat ausprobiern.
Allaweil da drobn bleibn,
mir waar's gnua, do taatst dafäuin (verfaulen).
Drum ham ma uns glei zu die Preußn hingmacht,
ham s' gfragt, ob s' net steh wolln aa a paar Wach.
Sie ham uns verstandn, für uns war's a Schlag,
ham unterschriebn glei auf sechs und siebn Tag.
Seit dera Zeit is's ja ganz fein,
sechs Tag im Quartier und sechs auf der Larain.
Es is ja drom sei net allweil zum Lacha,
da kemma gflogn so allerhand Sacha.
Und mit der Witterung, dees muaß ih sagn,
da san ma scho zwölf Wocha gschlagn.
Nix als wia Regna und Schneibn dazua,
da werst ganz dappi, da kriagst amal gnua.

Jetzt paßts auf und laßts enk sagn
das Tuan und Treibn im Schützngrabn.
Auf Nacht uma achte rum,
da geht's bei uns scho um und um.
»Antreten! Raus!« schreien glei a paar,
darauf versammelt sich die Schar.
Dann geht's im Laufschritt still und leis,
dabei rinnt uns vom Kopf der Schweiß.
Gottseidank! so hört man sagn,
jetzt san ma da am Schützngrabn.
Die andern warn ja scho am Sprung,
ham g'wart' scho längst auf Ablösung.
Mei Liaber, da geht jetzt a Lebn,
bis alle Gruppn richtig stehn.
Stehn dann die Gruppn auf ihrm Platz,
hört man schon da und dort etwas:
Von links und rechts und sonstwoher
beschießt der Franzmann uns mit 'n Gwehr.
Doch mir macha uns da gar nix draus,
schaugn hia und da beim Schiaßloch raus;
erfahrn ham mir, wie ihr wißt,
daß bloß aus Furcht der Franzmann schießt
Und mittu unter der Schiaßerei
beginnt dann glei die Plauderei.
Z'erst kommt die Witterung auf's Tapet:
heut kunnt ma's lassn, die waar net schlecht!
»Xade!« (Xaver) schreit scho oana her,
»Bei mir beginnt scho das Malöhr:
in Zecha (Zehen) friert mih hundsgemein –
kunnt net die Nacht scho vorüber sein!?«
Verschiedne hört ma da noch sagn:
»Ih laaf mal ab den Schützngrabn!«
Ih schliaß mih an der Lafferei,
beim Zechafriern bin ih aa dabei.
Und so geht's zua die ganze Nacht,
a Lafferei, daß alles lacht.
Obacht! Der Zugführer kimmt jetzt ro –
Hörst'n? Er fangt scho z' schimpfa o.

»Der Dreck und 's Wasser muaß jetzt raus!«
schreit er, »Dees is a wahrer Graus!«
Und auf Befehl fanga mir glei o
mit Pickl und Schaufl, es liegt nix dro.
Glaubt oaner, er sei ein Genie,
der kriagt a Schanzerl (Arbeit) wia noch nie,
mei liaber Bruader, da taatst schaun:
der kimmt glei zum Latrinabaun!
Doch jetzt beginnt der Tag zu graun,
vorbei ist Schaufeln und das Haun.
»Was kriagn ma heut wohl für an Tag??«
beginnt scho da und dort die Frag.
»Die Aussicht, die waar gar net schlecht,
ih glaub, heut wird's für uns grad recht.«
Das erste ist beim Tageslicht,
daß man von a richtign Brotzeit spricht;
dem Brotbeutl gehts jetzt an Kragn,
koa Wörterl hörst jetzt mehr sagn.
Is vom Barras voll der Bauch,
wird glei a richtige Zigarrn graucht.
Und jetzt paß auf, mei liaber Mo,
jetzt genga die Konferenzen o.
Die Unterhaltung, dees muaß ih sagn,
die findst ja nur im Schützengrabn!
Und mittleraweil, meine liabn Leut:
es is fei wieder zum Vespern Zeit.
Doch jetzt is d' Stund da zum Verziahgn (sich drücken),
sunst kunnt ma oane auffikriagn.
Auf kurze Zeit is 's rum mit'n Spaß,
a jeder rumpelt auf sein' Platz,
denn Franzmanns Artillerie, mein Schwan,
fangt jetzt an laut Stundenplan.
So um a halber Viere rum
kommt geflogen manches Trumm.
Es is dabei net zum Ausweichen,
man möcht da oft am Platz erbleichen.
»Buckts enk!« hoaßt's in einem fort,
bei uns hoaßt's ma 's den Kniabeugsport.

Is vorbei das Kanoniern,
beginnt glei wieder das Promeniern.
A Glück ham mir, deessell is wahr,
entronna san ma schon mancher Gfahr.
Schon naht die Abenddämmerung,
gesprochen wird von Ablösung,
und mancher denket da mit Recht:
die Ablösung waar nimmer schlecht.
»Was sagst du – dees gibst doch zua,
mir braucha wieder amal a Ruah!«
»Packts z'samm!« schrein d' Gruppnführer laut.
»D' Ablösung is da!« Dees haut! (Das ist recht).
Hat man erreicht den Unterstand, geplaudert wird von allerhand.
»Gott sei dank«, so hört ma sagn,
»die Wach' waar wieder runtergschlagn!« (vorüber).
Vertilgt wird dann mit Appetit,
was uns die Fraßkanone gibt.
Dann wird gesungen und musiziert,
bis oana amal an Schlaf verspürt.
Dann ist vorbei auch dieser Tag –
gebracht hat er uns manche Plag!
Ja, zu Humor und Heiterkeit
verspürn auch wir oft Schmerz und Leid.
Und wenn ih enk no was darf sagn:
das Hoamweh tuat uns oftmals plagn.
Ih sag, es is net gar so leicht,
wann Schwermut umananderschleicht.
Wir rufen dann – du sollst das hörn –
o liaber Gott, hör uns Krieger flehn!
Schick von oben uns deinen Segen,
laß die Kanonen schweigen,
möchtest uns den Frieden zeigen.
Gelernt ham mir in schwerer Zeit
das höchste, die Zufriedenheit.

Hat's brav gemacht, der Reservist Trapp. Ich hab' ihm nichts an seiner Arbeit korrigiert – es ist viel netter, den Münchner Maurer allein vom Schützengraben plaudern zu hören.

Ein Klavierspieler

Und neben dem Reservisten Trapp weiß ich einen schneidigen, oft belobten andern Reservisten stehn, der in seinem bürgerlichen Leben Klavierspieler ist. Und zwar – was ihm die besondere Note gibt – im »Bayrischen Donisl« zu München.

Wer die Kneipe nicht kennt, dem sei sie in kurzen Worten geschildert: Punkt fünf Uhr morgens schlägt hier ein athletischer Schenkkellner den Hahn ins Faß, und eine furchtbare Hausknechtsfaust öffnet das Tor, vor dem die Nachtschwärmer schon seit einer halben Stunde in dichten Haufen stehn. Studenten, Nachzügler aus langen Vereinssitzungen, Leutchen ohne festen bürgerlichen Wohnsitz, Dämchen …

Meister Joas, der Wirt zum »Bayrischen Donisl«, hat zwei riesige Doggen und außerdem den schon besagten Schenkkellner und den ebenfalls schon besagten Hausknecht. Dinge einer weisen und nüchternen Vorsehung … Und also kennt man sich ungefähr im bayrischen Donisl zu München aus und weiß, daß man das Dorado der Verbummelten gefunden hat. Daß der jeweils dort tätige Klavierspieler natürlich auch nicht in den Kreisen der Paderewskis zu suchen ist, mag also einleuchten. Ein vielleicht unglücklicher Musiker, der langsam verbummeln muß.

Aber da rief der Krieg den Klavierspieler ins Feld, und aus dem nie ausgeschlafenen Mann mit den trüben Augen und der fahlen Gesichtsfarbe wurde ein Soldat, dem das neue Leben schwer fiel und der die Zähne mehr als einmal zusammenbeißen mußte, bis er der Mann wurde, den der Krieg von ihm verlangte.

Und eines Tages hatten die Achten Bayern Mangel an Munition – »Freiwillige vor!« Denn der Feind besäte den gebotenen Weg mit Geschossen. Und der Klavierspieler lief durch den Kugelregen und brachte Munition.

Und eines andern Tags lag ein Kamerad draußen vor dem Graben, verwundet. Und der Klavierspieler kroch ins Feld, zog den Mann auf seinen Rücken und schleppte ihn in den Schützengraben. Er hat das Eiserne Kreuz und die Tapferkeitsmedaille. »Zwoif Markl im Monat fürs ganze Lebn!« (Übrigens eine berühmte Kompagnie, in der mein Klavierspieler steht. Die Offiziere sprechen voll Hochachtung von dem Mut der Gesamtheit.)

Dann der Lyriker

Immer, wenn ich von dem wieder Mann gewordenen Klavierspieler etwas erzählen höre, muß ich an meinen Freund Georg Muschner denken, den Lyriker. Er hat eine Reihe sehr schöner Gedichte geschrieben und die »Lese« begründet. Ein blasser, kränklich aussehender Schreibstubenmensch ohne sportliche Bedürfnisse. Aber als der Krieg kam, sagte er seiner Frau Lebewohl und fuhr mit dem nächsten Zug nach Berlin (in München wiesen sie damals die blassen Lyriker gerne ab) und stellte sich als Kriegsfreiwilliger. Sie nahmen ihn und begannen mit seiner Ausbildung. »Ach Gott, Ausbildung! Ich will ins Feld!« Als er das morgens um acht Uhr dem Feldwebel sagte, lächelte der Gestrenge. »Um zehn Uhr geht das Stammregiment ab – wenn Sie sich bis dahin ausrüsten können …« Muschner lief und brachte das Unglaubliche fertig, und der Feldwebel zürnte sehr, als er im letzten Augenblick feldmarschmäßig auf dem Bahnhof erschien. »Das gibt's doch gar nicht. Und überhaupt, das war ja nur im Scherz gemeint!« Aber sie nahmen den bittenden Krieger schließlich doch mit. Ende November sah ich einen schlanken Menschen mit blondem Vollbart mich verwundert anstarren. Der Muschner! Er hatte einen festen männlichen Gang gewonnen, sein Gesicht hatte von Blässe zur gebräunten Frische hinübergewechselt, und aus den schmalen weißen Fingern waren derbe Kolbengriffel geworden – und der Mann war stolz und frei und glücklich.

Drei Freunde

Und noch eine ähnliche Geschichte: im November traf in D. bei Hauptmann Dingelreiter eine preußische Verbindungspatrouille von drei Mann ein. Der Führer der Patrouille meldete sich, und das intelligente feine Gesicht eines älteren Herrn mußte dem Hauptmann wohl auffallen. »Was sind Sie denn in Ihrem Zivilberuf?«

»Gymnasialprofessor, Herr Hauptmann!«

»Donnerwetter – – wollen Sie nicht ein Glas Bier mit mir trinken?«

»Gerne, Herr Hauptmann, wenn ich meine beiden Kameraden auch miteinladen darf!«

»Kollegen von Ihnen wohl?«

»Nein, Herr Hauptmann, aber zwei meiner Absolventen.«

Der dichtende Maurer, der Klavierspieler, der Lyriker, der Professor und seine Schüler – wenn man sie alle in einen Topf wirft: welch eine Lust, in dieser Zeit zu leben!

Aber das Pariser »Journal« schrieb am 3. Oktober: »Gott mit Huns!« Gott mit den Hunnen.

Im Jahre Anno Siewazg

»Im Jahre Anno Siewazg« – eine stockbayrische Redensart.

Ich hör' die braven Worte immer wieder gern; sie sind in Fleisch und Blut des Sprachgebrauches übergegangen und leiten feierlich Erzählungen aus dem Deutsch-Französischen Kriege ein, der für Bayern der Krieg aller Kriege geworden war. Und daher kommt es auch, daß trotz der Tragweite und des Umfanges der Kämpfe im Osten und trotz der Wucht, die der Name Hindenburg auch im südlichen Bayern gewonnen hat, der bayrische Hauptblick nach dem Westen gerichtet ist, gut altbayrisch gesagt: »auf Frankreich umi« oder gar »auf Frankreich hinteri«, oder »zu die Franzosn«.

Unverwischbar sind die Eindrücke, die uns das Jahr 70 gebracht hat; so unverwischbar, daß mir am 2. August des verflossenen Jahres ein Bauer mit Stolz versicherte: »Ih hab aa zwoa Buam auf'n Napolion loslassn ...«

Und da also die Quintessenz aller bayrischen Kriegserinnerungen weder mit den Kämpfen der kaiserlichen Österreicher von Anno dazumal noch mit den Preußen von 66 zu tun hat, sondern einzig und allein im Rahmen von »Siewazg« liegt, so galt mir's auch als Bestimmung, nach Frankreich zu ziehen, wo Anno Siewazg Männer meines Geschlechtes schwere Kempfenhausener Fäuste hintrugen.

Ach, die Feder trug ich hin ...

Ich spreche leidlich französisch. Dieser Übelstand zeitigte einen andern: dann und wann kommt ein wackerer Mann und sagt: »Sie, Sie müaßn's doch wissen, was hoaßt dees und dees auf Französisch?« Aber es handelt sich dann entweder um die Worte Ringschraube, Wagenachse und Schmieröl oder um Hosenknöpfe, Zwirn und Stiefelknecht. Und tiefes Mißtrauen erwächst wider den gelehrten Mann, der nicht einmal einen harmlosen Stiefelknecht ins Französische übersetzen kann.

Aber der dicke Huaber – und der fragt am meisten – der dicke Huaber belästigt mich nie mit solchen kitzeligen Fragen. Er will immer Worte des vornehmeren Lebens von mir und scheint überhaupt so gelegentlich und happenweise Französisch lernen zu wollen. Er hat sämtliche Soldatensprachführer gekauft, zu 20 und selbst zu 30 Pfennigen das Stück, aber er ist mit den Bücheln sehr unzufrieden. Kürzlich versuchte er's mit französischen Zahlenreihen und wies mir entrüstet seinen Sprachführer, der in solchen Dingen seine Mucken hat. Da heißt es nämlich: »Wo ist das erste Zimmer, die zweite Etage, die dritte Tür? Das vierte Fenster ist zerbrochen, die fünfte Scheibe fehlt, die siebente Tür schließt nicht. Ich möchte die achte Kammer, geben Sie mir den neunten Schlüssel. Der zehnte Ofen brennt nicht. Zünden Sie die elfte Gasflamme an! Die dreizehnte Laterne raucht! Wo ist das vierzehnte Postamt? Es ist das fünfzehnte Gebäude. Der sechzehnte Stuhl ist rund, der siebzehnte und achtzehnte Tisch viereckig. Das neunzehnte Bett. Die zwanzigste Decke.« Und bei der zwanzigsten Decke – bei der der Verfasser des Sprachführers offenbar in tiefen Schweiß geraten ist –, ist das französische Einmaleins zu Ende, und der dicke Huaber rang nach Luft und nach weiteren Kenntnissen.

»Nämlich«, sagte er, »zwegen dem Jahr Anno Siewazg. Wissn S', ih hab scho noch a Büachl, und da steht's von oans bis hundert drin. Und *dix* hoaßt zehn, und *quarante,* dees is sovül wia vierzgi, und *cinquante* is fuzgi, und *soixante,* dees is sechzgi. Und was moana S', daß Siewazg hoaßt? Siewazg gibt's gar net. Sechzgi und zehni steht in dem Büachl. *Soixante-dix* – han, warum tuat denn der Franzos net Siewazg sagn?«

»Weil die französische Sprache –«

»Nana, Siewazg, dees mögn s' net gern. Siewazg sagt koa Franzos net. Ih hab scho z'Mars-la-tour gfragt, wo die kloane Schwarze gwesn is mit dem guatn Schnaps, wo a Zwanzgerl kost' hat 's Glasl. Die hat aa gsagt, Siewazg gibt's net. Sexig und ßehn muß's hoaßn, hat s' gsagt, *soixante-dix*. Weil mir s' halt so herg'haut ham Anno Siewazg, daß s' in koan altn Schlappschuah mehr neitaugt ham, drum ham s' deessell Wörtl abgschafft. Wern s' halt jetzt an Vierzehner aa abschaffn müassn und an Fufzehner – aso wern mir s' herhaun, die Malefizbagasch, dee windige!«

Und zürnend empfahl sich der Huaber.

Ja, die französischen Sprachbegriffe! Der Huaber ist fürs Abschaffen. Auch die Lothringer sind langsam dafür, wenigstens die Lothringer innerhalb der deutschen Grenzmarken. In den Kirchen hört man jetzt sehr viel deutsch, und eben haben auch die Straßen von Metz ihre französischen Untertitel verloren. Aber daß da und dort innerhalb der deutschen Grenzpfähle das Französische noch überwiegend Ortssprache ist, das wird so bald noch nicht zu ändern sein. Manchmal im politisch deutschen Lothringen kommt man in Nester, die sich in Bauart und Hofanlage – und der Düngerhaufen ist doch immer das erste, was man von einem Bauernhof ins Auge faßt – auf den ersten Blick als französische Orte kennzeichnen. Und da spricht man eben noch französisch wie seit Urzeiten, und unsere ersten Krieger, die im August hier durchmarschierten, wähnten sich infolgedessen im tiefsten Frankreich.

So in Habudingen. In dieser Gegend floß in den Augusttagen Blut, und ein Grab vor Habudingen birgt zwei pfälzische Reservisten und ein anderes 28 französische Soldaten. Auf dem Pfälzer Grab eine Inschrift:

In Frankreich bin ich begraben,
mein Vaterland seh ich nicht mehr.
Liebe Eltern, Schwester, Brüder,
Im Himmel sehen wir uns wieder.

Man kann dem wackeren Täfelemaler den geographischen Irrtum wirklich verzeihen, denn Lothringen war dazumal in manchen Äußerlichkeiten noch recht französisch anzuhören und anzusehen.

Selbst Metz mit der riesigen deutschen Garnison hatte zu Kriegsbeginn noch vieles Französische an sich, das sich nun von selbst und energisch erledigt. Und dabei soll ja nicht behauptet werden, daß dieses Französische auch ganz innerlich festsaß. Mir gefiel's beispielsweise recht gut, im Elsässer Hof mit Kreide einen antifranzösischen Gedanken in französischen Versen an die Wand gekritzelt zu sehen:

Les cinquante ans de paix
seront bientôt passés.
Alors l'Allemagne frappera
la France encore une fois.

(Die fünfzig Friedensjahre werden bald vorüber sein, – dann werden die Deutschen den Franzosen wieder verklopfen – ist das nicht ein grunddeutscher Gedanke im französischen Sprachgewande?)

Übrigens ist es manchmal ganz fidel, wenn man französischen Dingen das deutsche Sprachgewand anzieht. Jetzt, da man in Metz die französischen Straßennamen wegtünchte, fiel mir's erst auf. Die Priesterstraße – *rue de clercs* stand früher drunter. Also eine mäßige Übersetzung einer ehemaligen Schreibergasse. In Straßburg haben sie die *rue de vaux* gelöscht, und man liest nur mehr das Schildchen »Kalbsgasse«. Das ist ja schließlich nicht schlecht übersetzt; aber Anno 71, als man über die französischen Namen die deutschen schrieb, dachte niemand daran, daß diese Straße vor der Franzosenzeit nach einem Manne namens Kalb genannt war und daß die Franzosen sich erlaubt hatten, den deutschen Namen dieses Mannes zu übersetzen. Ebenso wie sie es mit der ehemaligen Blauwalkerstraße machten. Walker? Was ist Walker für den Franzosen? Ein Dialektwort wohl für Wolke! Und so übersetzten sie *rue de la nuée bleue*. Und als wir 71 wieder zurückübersetzten, machten wir natürlich aus der alten Blauwalkerstraße, in der die Färber gehaust hatten, eine blaue Wolkengasse. Was schadet's? Warum soll nicht auch ein toter Begriff wie die Sprache zum fidelen Leben erweckt werden?

Der fließend französisch spricht

Eine schöne, schöne Historie von einem Sprachenkenner.

Bayrischer Intendanturbeamter. Unter Kameraden berühmt wegen seiner Kenntnisse im Französischen. Er sprach viel von diesem seinem Wissen, und es gab keine Gelegenheit zur Nachprüfung. Aber eines Tages kam er ins Lazarett nach Metz, ins feinste und schönste. Die Gattin des Präsidenten, Frau Baronin Gemmingen, hat es aus eigenen Mitteln begründet und führt es mit verschwenderischen Opfern.

Unter den freiwilligen Krankenpflegerinnen im Lazarett eine Schwedin. Sie beherrschte ihre schwedische Muttersprache und die französische und englische, aber deutsch konnte sie nicht. Gut, so wies man ihr den bayrischen Mann an, der wegen seiner französischen Sprachkenntnisse berühmt war.

Er war nicht nett zu ihr.

Die Schwedin liebenswürdig: »Bon jour, monsieur!« Er nickte bloß und sah sie mit Unbehagen an.

»*Comment ça va, monsieur?*« Er schwieg.

»*Vous allez bien?!*« Und wieder schwieg er, und die Pflegerin verstummte. Sie wandte sich beleidigt ab.

Die andern Kameraden fragten den Mann, was denn los sei. Warum denn diese Stille? Diese liebenswürdige Dame! Kommt aus Schweden, um Deutsche zu pflegen – ist das nicht nett von ihr? Und ausgerechnet dieser Dame die Antwort zu verweigern. Oder ob es mit seinen Sprachkenntnissen nicht doch am Ende hapere???

Er, entrüstet: ›Gewiß nicht. Aber die medizinischen Fachausdrükke, die könne man doch nicht alle auf Französisch wissen …‹

Gespräche von Graben zu Graben

Die Unterhaltungen von Schützengraben zu Schützengraben sind spärlicher geworden. Ein Armeebefehl hat sie sehr eingeschränkt, und manche blutige Sache und endlich das ungemütliche Wetter draußen haben die Lust am Plaudern auch verringert. Und gar im *Bois brulé*, wo der »Ratsch« vom einen Graben zum andern einmal so schön im Schwange war, hat die Gemütlichkeit ganz aufgehört, und unsere Leute haben als Silvesterscherz den letzten Teil des Erdwerks überhaupt genommen und sind nun allein Herren einer Stellung, die – es klingt merkwürdig – durch Monate zum einen Teil eine französische und zum andern eine deutsche Festung war. Wie die Maulwürfe hatten sich die Bayern in das Werk hineingearbeitet und die Franzosen auf einen kleinen Teil ihres Machtgebietes beschränkt. Aber darum keine Feindschaft nicht; an jedem Morgen schrien die Franzosen zu den Bayern herüber: »Gutte Tak! Gutte Tak! Ergebben Sie sick!« Und die Bayern: »Bonn schurr, musjeh! An Buckl steigts uns nauf! …«

Manchmal hatte die gegenseitige Not die beiden Parteien zusammengebracht; wie zum Beispiel seinerzeit in den Vogesen bei Provenchères, wo am Spitenberg weder Deutsche noch Franzosen sich verproviantieren konnten und sich schließlich darauf einigten, daß man gemeinsam einen nahegelegenen Kartoffelacker ausbeuten wollte, die Deutschen den südlichen, die Franzosen den nördlichen Teil.

Das geschah jeweils in kleinen Waffenstillständen, und wenn man die Beute im Graben hatte, ging der grimme Krieg wieder von vorne an.

Und manchmal hatte die Unterhaltung auch Parlamentärscharakter. So gab's im *Bois brulé* unter anderen Stellungen zwei Gräben auf 16 Meter Entfernung. Die Franzosen hatten eines Tages Langeweile und beschlossen, dem Zustand ein Ende zu machen. Sie schrieben etwas auf einen Zettel, steckten diesen in eine Patronenhülse und warfen ihn so dem Feind entgegen. Aber die Hülse fiel zu kurz, und da die Franzosen ihren Zettel nicht ungelesen wissen wollten, hoben sie die Gewehrkolben hoch zum Zeichen, daß man den Zettel unbeschossen holen könne. Natürlich taten das die Unsern und lasen schließlich: *»Ce n'est pas drôle, notre métier«* – es ist kein lustiges Geschäft, das wir treiben!

»Gut«, erwiderten die Unsern, »wenn's euch nicht freut, könnt ihr die Sache ja jederzeit ändern! Ergebt euch doch!«

Die Franzosen: Nein – aber vielleicht die Deutschen …

Und die Unsern: Dann müssen wir recht sehr bitten, daß ihr eure Köpfe schleunigst wieder in Sicherheit bringt!

Eines Tages hörte der französische Major Blavé in seinen Graben hinein bei X. lauten Jubel der Gegenpartei. Er spitzt das Ohr, und sie brüllen ihm einen großen Hindenburgsieg hinein. Aber Major Blavé erklärt, nie und nimmer daran glauben zu wollen.

»Ist aber wahr!«

»Kommen Sie herüber und erzählen Sie mir Details!«

Die Unsern: »Dumm san ma und san recht dumm!« Und sie brüllten vor Lachen.

Da sandte Major Blavé eine Patronentasche im Bogen herüber, und in dem sonderbaren Feldpostbeutel fand man die folgenden Zeilen: »Komen si alain ohn flint, wir wert inen thuen kain laid!«

Gut, so gehen zwei Oberjäger hinüber und erzählen ihm in bestem Französisch von den Dingen in Polen. Der Major hört sehr aufmerksam zu, dann bedankt er sich höflich, schüttelt den beiden die Hand und zieht sich wieder in seinen Graben zurück. Und die Jäger kehren in ihren Graben zurück und Berichten, daß aus dem soundsovielten und soundsovielten Regiment die Besatzung des Grabens genommen sei. Immerhin kein Gang für nichts und wieder nichts.

Und dann feiern sie den Hindenburgsieg.

Der Leutnant hat eine Flasche Sekt – der Pfropfen des etwas stark erwärmten Getränks geht knallend los. Und sieh: augenblicklich hebt drüben ein wütendes Geknatter an. Und die Unsern lachen unter dem Kugelregen, der über ihren Häupten umsonst vergossen wurde.

Da stellten die Franzosen das Schießen wieder ein, und wieder flog im Bogen eine Botschaft: »Deutsche Michel sein besüff!«

Eine Abteilung der 19. Bayern hatte den Feind einmal in einer anderen lustigen Form zur Munitionsverschwendung verführt: Damals beschirmte noch üppiges Sommerlaub manche Stellung. Und so war zwischen Bayern und Franzosen dichtes Gestrüpp, das beide Graben völlig abdeckte; es war nur immer dieses Gestrüpp zu beobachten, daß sich im Angriffsfalle bewegen mußte.

»Schnürl her, Schnürl!«

Und ein paar Mann krochen hinaus und verbanden die kleinen Stämmchen mit Bindfaden, den sie in ihren Graben leiteten. Und als sie wieder im Schutz des Grabens lagen, zogen sie brav an dem Bindfaden, und das Laub bewegte sich, und es raschelte. Die Franzosen verschossen eine endlose Menge Munition und sind vielleicht heut noch der Überzeugung, damals eine große Angreiferschar mit blutigen Köpfen heimgeschickt zu haben.

Der Pionier Zinke

Die Gelegenheit ist günstig, von dem Berühmten Pionier Zinke zu erzählen, der von allen Sechzehnern der meistgenannte ist.

Es ist wohl heut schon zum geflügelten Wort gediehen, was Zinke nach einem Sturmangriff meldete: »Gefreiter Zinke meldet sich gehorsamst mit 173 Streifschüssen und einem Querschläger von einem 42 Zentimeter!« Aber der lustige Mann ist zugleich ein sehr tapferer Soldat, und die nachfolgende Geschichte ist verbürgt: zwischen dem deutschen und dem französischen Graben lag ein französischer Tornister. Und Zinke, der Mann voll Mut und voll Rauchersehnsucht im Herzen, bedenkt, was für ausgezeichnetes Rauchmaterial oft in diesen französischen Tornistern zu finden ist. Und langsam kriecht er hinaus.

»Mensch!« schreit der Feldwebel, »Du wirst doch nicht!«

Aber Zinke hat schon … Und kriecht vor und drückt sich auf den Boden wie eine Eidechse und erreicht den Tornister und kümmert sich nicht um die Kugeln, die von drüben kommen – jetzt hat er seinen Graben wohlbehalten erreicht.

Der Feldwebel schneidet ein grimmiges Gesicht.

»Aber Herr Feldwebel«, sagt der brave Zinke mit sanftem Vorwurf, »wegen dem bißchen Schießen will ich mir doch den Tornister nicht entgehen lassen!«

Und Zinke sucht in dem Tornister.

Und Zinke raucht.

Von Tieren im Kriegsland

Krähenplage in Süddeutschland? Ich las in einem Feldpostbriefe: »Die Hasen im nächsten Jahr werden wir wohl nicht selber essen müssen; das Geschäft haben die vielen Rappen übernommen, wo jetzt zu uns kommen.« (Das mundartliche Rappen muß über Raben hinweg in Krähen übersetzt werden.)

Die Sache mag wohl stimmen; ganz ungeheure Krähenschwärme sammeln sich seit Wochen hinter der Kriegszone und fliegen nach lärmvollen Protesten über die Zustände in ihren Revieren weg – ins deutsche Land. Ich habe einigemale das Auftauchen und Abreisen dieser Schwärme verfolgt; hauptsächlich an den Höhen der Lothringer Westforts sammeln sich die verscheuchten Vögel, um nach einer Ruhenacht den Flug fortzusetzen.

Im Spätsommer, und dann besonders Ende September, fiel die große Anzahl von Bussarden auf, die im Gebiet des Woëvre und in den Wäldern hinauf gegen Longwy strichen. Die Bauern versicherten, daß sich dieses Raubzeug schon im August wesentlich gegen früher vermehrt habe; der Geruch des Krieges mag das aasfressende Geflügel angelockt haben …

Damals litt man auch sehr unter der Fliegenplage. Das sommerliche Insekt hatte sich in unglaublicher Weise vermehrt, und die Gründe seiner plötzlich gesteigerten Fruchtbarkeit machten das Geschmeiß übler denn je. Entsetzlich waren die Zustände in Longwy Haut. Der wachhabende Offizier schüttelte sich vor Grausen, als er mir die Fliegenschwärme im Wachraum zeigte: man konnte Millionen von Fliegen ausschwefeln, um Myriaden Platz zu machen. Und wenn man durch die Ruinen der Festungsstadt ging, flogen Wolken von Fliegen da auf, wo süßlicher Geruch aus den Kellern drang. Überall im Kriegsland diese ekle Fliegenplage, und die Leute wehrten sich nicht dagegen. Die Bauern kannten keines der vielen Hausmittel, die wir beispielweise im oberbayrischen Land gegen die Fliegen zu brauchen wissen; und bei der allgemein wenig reinlichen Lebensführung stieß sich der Bewohner des französischen Lothringen auch nicht an dieser natürlichen Kriegsplage, die uns beinahe als die ärgste erschien.

Tiere im Kriegsland: im Herbst mehrten sich auch die Wildschweine, deren das französische Lothringen von jeher große Bestände in den breiten Waldungen hat. Fast alle die Jagdtrophäen, die man in Schlössern und großen Höfen der Gegend sah, wiesen auf die Saujagd hin. Und so holten sich auch unsere Soldaten dann und wann ihren Braten aus den Wäldern und Sumpflanden um Benoit, und wenn sie – was leider einigemale notwendig war – nach bewaffneten Bauern in den Wäldern streiften, brachten sie immer Sauen mit, die ihnen vors Gewehr gekommen waren. Nicht jeder aß davon …

Die Malefizgeiß

Von einer ungegessenen Geiß weiß ich ein Geschichtchen: zu Mazérilles ward sie gefangen. Die bayrische Landwehr durfte sich nach harter Arbeit wieder um ihren knurrenden Magen kümmern und eilte umher, fleißig das Sprüchlein murmelnd: »Dü mantscheh, dü poahr« – essen und trinken.

Und sieh: über die Höh zog einer her, der hatte im gleichen Ton mit einer Ziege geplaudert – dü mantscheh, dü poahr – und hatte sie dann, weil sie vom Grasen nicht abließ und überhaupt die Schwerhörige spielte, nach dem Kriegsrecht verhaften müssen. »Du Goaß, du lumpete«, schrie er aus der Höh, als sie die Beine in den Boden stemmte und bedrohend das Gehörn zeigte, »dir wer ih boarisch geh lerna!« Und lehrte sie »bayrisch gehen« und schleppte sie mit kraftvollen Armen zu den Kameraden. Ein Jubel!

Und dann – Landwehrleute lieben immer ein Späßchen – feierliche Gerichtssitzung, selbstverständlich Kriegsgericht. Die Geiß verteidigte sich meckernd, aber sie wurde der Gehorsamsverweigerung, begangen vor versammelter Mannschaft, und wegen Angriffs auf einen Vorgesetzten, begangen im Feindesland, schuldig befunden und zur

Strafe des Gemolkenwerdens verurteilt. Darnach sollte die Todesstrafe an ihr vollzogen werden – Angriff auf den Vorgesetzten – und schließlich war ihr Kadaver zu braten und zu verspeisen. (»Indem daß wir müldernde Umständ angenommen ham«, sagte der Mann, der das Urteil verkündete.)

Und dann melkten sie also das Vieh. Es stellte sich heraus, daß man es mit der störrigsten aller Vogesengeißen zu tun hatte: drei Mann mußten sich im Verlauf der Strafhandlung ihrer Ausrüstung entledigen, um das Vieh zu meistern; einer hing mit angeschwollenen Muskelarmen am Gehörn, der andere zerrte am Südende der Geiß, und der dritte melkte die süße Milch in seinen Kochtopf. Schöne süße Geißmilch. Bestimmt, den ewigen schwarzen Kaffee einmal aus dem Verpflegungsprogramm zu streichen und – einmal wenigstens – durch einen vernünftigen »Millikafeh« zu ersetzen.

Und als die Geiß gemolken war, ließ der Mann am Gehörn etwas nach und auch der Mann am Südende. Aber das Vieh war nicht dankbar für die Erleichterung: mäckmäckmääääh – und die Geiß sprang auf, bockte aus und stieß den Kochtopf um, und die schöne süße Milch sickerte in die schwere Scholle. Und schon war die Attentätern auf Büchsenschußweite entlaufen …

»Ja, was waar denn net dees??? Wo mir doch die müldernden Umständ ausgsprochn ham!!!«

Der Gefreite Zwieselhuaber griff nach der »Lattn«. Aber da war die Geiß schon im Gebüsch verschwunden. Betrübt ließ er den Arm wieder sinken. Und dann fiel's ihm plötzlich ein wie dem bekannten Fabelfuchs: »Jh trink an schwärzn Kafeh gar net so ungern …«

Und der Treutterer: »Ih bin froh – a Goaßnfleisch hab ih noch nia net mögn …«

Ein Kapitelchen vom Hund

Der arme Kerl, der verlassen die Felder absucht, um ausgebrannte Häuser irrt und nicht begreifen kann, daß man seiner auf der Flucht vergaß.

Er knurrte den deutschen Soldaten erst scheu an, aber dann würgte er doch das dargereichte Brot voller Gier hinab. Und schließlich begleitete er Reiter, Roß und Wagen und war nach ein paar Tagen ein dankbarer Freund, den kein Befehl zum Verlassen der einmal gewohnten Kolonne bewegen konnte. Gut, so behielt man ihn, und er wurde ein verhätscheltes Pflegekind der Soldatenfamilie aus barbarischen Landen.

Da es übrigens in der Lorraine merkwürdig schöne, aber auch merkwürdig viele Hunde gibt, konnten sich's die militärischen Regenten von noch bewohnten Dörfern nicht versagen, den Leuten zu bemerken: wir müssen euch durchfüttern und tun das nicht ungern – aber so viele Hunde durchfüttern ist eigentlich nicht unseres Amtes. Und nachdem man in Deutschland Hundesteuer zahlt – nicht wahr: in eurem Fall wär's noch mehr berechtigt? Und so hat beispielsweise Rittmeister H. in L. den dortigen französischen Hundebesitzern eine Steuer abgefordert; die wohl mit Geld versehenen Leute zahlten sie auch ohne Brummen.

Einmal dachte ich auch daran, einen Hund zu requirieren. Eine seltsame Geschichte. In Mars-la-Tour war wieder einmal ein Transport von Gesindel eingetroffen – Leichenräuber. Eine ganz widerliche Sorte. Ein großer, überaus schöner Wolfshund irrte in der Nähe der Leute umher; da er sich nicht ganz heranwagte, vermutete ich, daß er wohl bei dem Verhaftungsakte Bekanntschaft mit einem Gewehrkolben gemacht haben mußte. Vielleicht hatte er seinen Herrn verteidigen wollen. Ich vergaß, die Soldaten über den Fall zu befragen, weil auf der Côte Lorraine eben Schrapnells aus zwei französischen Batterien auf einen deutschen Flieger Jagd machten. Ich eilte die Wendeltreppe des Kirchturms hinauf und suchte mit dem Feldstecher den Himmel ab. Und über der Beobachtung des deutschen Fliegers und der aufregenden Ereignisse in den Lüften vergaß ich des Gesindels unten und des Wolfshundes. Aber als ich abends mit dem Auto nach Metz zurückkehrte, kam mir die Geschichte wieder in den Kopf, und ich eilte ins Gouvernement, um Auskunft über die Sache zu erbitten.

Ein schlecht beleuchteter Flur. Ich streifte an etwas Weiches und meinte so etwas wie schimmernde Augen zu sehen. Als ich meine Taschenlampe aufleuchten ließ, eilte ein Hund weg – der schöne Wolfshund von Mars-la-Tour.

Im Zimmer des diensttuenden Hauptmanns noch Verhör. Und dann werden die Leute ins Gefängnis abgeführt, und Hauptmann K. klappt den Aktendeckel zu. Wir gehen zu einem Abendschoppen. Auf der Straße schließt sich uns plötzlich der Wolf an und beginnt den Hauptmann zu beschnuppern.

»Biest, geh weg!«

Ich erzähle meinem Begleiter die Geschichte, und wir sehen uns den Hund genauer an: ein prächtiges Tier, einem wohlgenährten Ardennenwolf zum Verwechseln ähnlich.

»Aber ein Malefizviech trotz alledem!« sagt der Hauptmann und vertreibt den Hund wieder.

Wie wir spät abends das Wirtshaus verlassen – der Hund streicht um die Ecke.

Andern Tags: ich habe im Gouvernement zu tun und seh in dem dunklen Gang meinen Wolf. Ich nehme das Wurstbrot aus der Tasche, das ich mir für eine bevorstehende Ausfahrt ins Gelände hatte bereiten lassen; aber der Hund weicht zurück, wie ich ihm den Leckerbissen anbiete. Auch da ich's ihm hinwerfe, nimmt er das Brot nicht auf. Also: Hunger lockte ihn nicht hierher. Vielleicht sucht er hier Spuren wieder aufzunehmen, die er verloren hat? Ein treuer Kerl folgt dem Leichenräuber – seinem Herrn eben. »Wolf, komm mit mir!« Aber der Hund ist nicht zu locken und flieht.

Abends dieselbe Geschichte. Jetzt nimmt er ein Stückchen Brot von mir, aber streicheln läßt er sich nicht. Und wie ich mit dem Hauptmann wieder zum Abendessen gehe, folgt er uns wieder aus scheuer Ferne.

Ich will dieses Tier haben!

Nachts huscht er wieder um die Ecke, wie wir heimkehren – ich kann ihn nicht fangen. Und dann verlor ich ihn leider aus den Augen.

Lina, die gute Kuh aus Frankreich

Ich darf in diesem Kapitel einer berühmt gewordenen Stabskuh nicht vergessen; sie hört auf den Namen Lina und ist nicht die einzige, die von der Tricolore zu unseren Farben herüberwechseln mußte. Aber sie liefert dem Stab der Vierten Bayern die Milch zum Kaffee und wandelt mit ihm von Quartier zu Quartier, betreut von dem braven sachverständigen Soldaten Simmelbauer. Lina stammt aus Herbéville, wo Herr Gaston Dumourier heute noch den Kriegsschein bewahrt, der seine Rechte auf die schöne gefleckte Kuh den Bayern verschreibt. Lina ist im Stalle eines Pfarrhofes einquartiert, und es gibt sogar Leutnants, die ab und zu ihr gepflegtes Fell zu streicheln pflegen. Des ferneren spricht von ihrer Bedeutung, daß französische Flieger ihre Pfeile nach ihr versandten und daß der Simmelbauer damals auf ihrem Rücken ritt und, kopfschüttelnd den Himmel bespähend, die denkwürdigen Worte aussprach: »Nix Dümmers als wia so a Fliager. Der moant, mir san der Generalstab!« (Welche klassischen Worte heute noch gerne erwähnt werden.)

Das also über Lina, die gute brave Kuh aus Frankreich. Man sagt, sie sei die letzte Kuh, die im Woëvre requiriert worden ist – ich eile, diese Geschichtslüge aus der Welt zu schaffen. Denn im November strich ein bayrischer Flieger neugierig über die Sümpfe und Weiher von Lachaussée hinweg und entdeckte zwischen dem Etang Vice und dem Etang de Lachaussée eine schmale Landzunge, die westlich durch den Bois des Haudonvilles Bas vollständig abgedeckt wird. Das Gelände sah sich also wie ein fast unzugänglicher Schlupfwinkel an – der Soldat liebt es, im Feindesland solche Gebiete auszukundschaften. Und als das Flugzeug wieder im Schuppen lag, stieg man zu Pferde und fand den Weg zwischen den Sümpfen durch in die ganz reizende kleine Halbinsel, auf der – zwanzig Stück Jungvieh und fünfzehn Pferde weideten. Und als man den Fund kriegsgemäß abbeförderte, fand sich auch ein Besitzer für die erbeuteten Tiere, der Farmer von Hazzavant. Man hieß ihn, mit zur Intendantur ins Schloß B. zu kommen, wo er den üblichen Schein erhielt.

La punaise …

Andere französische Haustiere waren müheloser zu haben. Vor allem *la punaise*, die unangenehme Nachtstörerin, die nicht so harmlos ist wie *la puce,* der freundlichere Floh, der von dem Pariser Rothschild gesammelt zu werden die Ehre hat.

Zuerst trat mir *la punaise* im Gelände von Briey feindlich entgegen. Ich behandelte sie nach dem Kriegsrecht, aber ihre Sippe zog wider mich auf Blutrache aus. Sie war sehr zahlreich, und ich sah, daß ich in diesem Kampfe nicht Sieger bleiben würde. So zog ich einen netten alten Herrn zu Rate, einen Lothringer, der aus dem deutschen Lothringen vor vielen Jahren ins französische gewandert war und also seine Erfahrungen in dieser besonderen Sache haben mußte.

»*Bon jour, monsieur Hocquart*!«

»Gutte Tak! Wie ’aben Sie geslafen, maine ’err?«

»Miserabel! Es gibt hier Tiere!«

»Oh, maine 'err, Sie irren!!!«
»Unmöglich. Punaises ... '
»*Ça ne fait rien* – da kann Sie 'elff dafür. Da nehm Sie eine Branche von die Noyer auf die Bett!«
»Einen Nußbaumzweig? Aha – die können wohl den Geruch nicht leiden? Und da kommen sie wohl nicht??«
»Oh, die kleine Tier, sie komm schon. Aber mit die Ssweig Sie schlag, nickt wahr, maine 'err ... .«
Spitzbub!

Gefangene

Sie hatten auf der Côte Lorraine einen Graben fast lautlos genommen. Ein paar Franzosen, die den Graben anscheinend mehr als Wachstube benützt hatten, ergaben sich auf ein eindringliches *»Les mains en haut!«* sofort und gingen gar nicht ungern mit. Aber sie murmelten unter sich etwas, was deutsch ungefähr so lauten würde: »Wo ist denn der Mayer? Der ist ja gar nicht mitgefangen?« Und man fragte sie etwas, was deutsch wieder ungefähr so lautet: »Was für ein Mayer?« »Ja, der Mayer Xaverl. Der muß noch wo stecken.« »Gut, den werden wir schon noch kriegen.«

Aber so fleißig man auch den Graben absuchte: der Mensch, genannt Mayer Xaverl, war nicht zu finden. Na, vielleicht kam er noch. Und horch: Tritte! Ganz unbekümmert laute Tritte. Und aus dem Schatten der Nacht taucht eine Gestalt auf, die schließlich gemächlich und unbeholfen in den Graben steigt, denn der Mann hatte in der rechten Hand ein paar Flaschen Wein, links unterm Arm einen Laib Brot und an der linken Hand ein Bündel. Das Gewehr auf dem Rücken. Und wie er endlich im Graben steht, beleuchtet man ihn mit einer Taschenlaterne. Fürchterlich erschrickt der kleine Piou-Piou. Und läßt alles, alles fallen und streckt die Hände hoch und schreit in seiner Verwirrung und Angst: »Franssmann, Franssmann!«

Und wurde seinen Brüdern nachgesandt und landete gleich diesen im Schloß, beim Generalstab, wo er heute noch als Wasserträger recht gute Dienste tut. Und wo er Gesellschaft hat, eine kleine Anzahl von Gefangenen und Überläufern, die man als gutmütige Menschen ausprobiert hat und mit allerlei Diensten betraut, die unsre bayrischen

Chevauxlegers recht, recht gern an sie abgetreten haben. Die Leute sind willig, erhalten gute Verpflegung und sogar Rauchmaterial, und zur Befriedigung ihrer geistigen Bedürfnisse hat man ihnen sogar bayrisch Tarocken gelehrt.

Kann's ein schöneres Leben geben – wie fern von Schützengräben? Aber gleichwohl riß einer von den Leuten eines schönen Tags aus.

Er kam nicht weit. Die Gegend ist ordentlich versumpft, und der Franzose schlich reumütig wieder in die Gefangenschaft zurück. Ich glaube, man bestrafte ihn nicht allzusehr, weil in derselben Nacht noch das Gericht von andrer Seite über ihn hereinbrach: seine Kameraden verprügelten ihn nach Noten … *Hélas*! Vielleicht Freiheiten verlieren, die man sich durch wohlanständiges Verhalten erworben hat – nur weil dieser Lump so gemein ist und ausreißt! Haut ihn! Und unter denen, die an dem Sühneakte mitwirkten, befand sich auch der Besitzer eines Kaufhauses zu Vichy, der in diesen Tagen als Holzspalter bei der deutschen Armee ein beliebter Mann war.

Ein anderer aus dem kleinen Gefangenenrevier zu …: 38 Jahre alt, mehrfacher Familienvater.

Er wurde seinerzeit in einem Kartoffelacker aufgefunden, wo er sich in eine Furche halb eingegraben hatte und wie ein Hase zitterte, der den Jäger kommen sieht. Er war von den Seinen weggelaufen, um sich zu ergeben, aber mitten auf dem Wege geriet er in schwerstes französisches Granatfeuer. Mehr als fünf Stunden, erzählte er, mußte er in seiner Furche verbleiben, des Todes harrend oder der Gefangenschaft. Ein bayrischer Chevauxlegerleutnant fand ihn auf und sah rückwärts von dem Manne zwei schwerverwundete Franzosen liegen.

»Mann!« schrie er den alten Soldaten an. »Ich will Ihnen die Gefangenschaft ersparen, wenn Sie die beiden schwer verwundeten Kameraden nach Ihrer Front zurückschleppen.« Aber der Mann in der Furche schüttelte nur den Kopf.

»Gehen Sie doch vor!« schrie der Leutnant wieder.

Der Franzose: *»Mon capitaine, je vous prie de me faire prisonnier! Je suis père de cinque enfants!«*

Was war anderes zu machen? Der »Vater von fünf Kindern« wurde mitgenommen. Da fing er plötzlich an, sich fast im Tanz zu bewegen und zu jubeln: *»Oh, je suis prisonnier! Oh, mon capitaine, je suis prisonnier!«* Weil ich nur gefangen bin …

Und kann jetzt schon bayrisch tarocken, der Wackere.

Ein Franktireurgrab

Ein schönes Schloß auf der Hochebene des Woëvre. In einigen Monaten haben unsere Leute fast den ganzen Schmutz und Wust weggeräumt, in dem entweder der Schloßherr zu leben liebte, oder den die Soldaten seines Landes zurückließen, als sie dieses Quartier vor unseren Bajonetten räumen mußten.

Als ich in den breiten Schloßhof kam, schleppte man eben ein riesiges altes Bronzegeschütz vom Fort Camp Romain heran, und ein paar französische Gefangene, die als Wasserträger Dienste zu leisten hatten, setzten ihre Lasten ab und sahen den Transport bekümmert an.

Ein wunderbarer Herbsttag. Die Luft war klar und ließ die Côte Lorraine plastisch aus der Ebene steigen. Ein beinahe friedliches Bild – aber die Geschütze brüllten in der Runde.

Und am Saum des Schloßparkes eine Gräberreihe dicht neben einem aufgelassenen Schützengraben. Deutsche und Franzosen ruhen hier vereint vom Krieg aus, friedlich nebeneinander, wie sie der Tod antraf. Einfache Holzkreuze, manchmal Sandsteinurnen, von weit hergeschleppt. Auf einem der Holzkreuze ein Zeitungsausschnitt: eine Todesanzeige, aus einem Nürnberger Blatt herausgeschnitten. Ein Soldat erzählt mir: »Der da liegt, den hat sein Bruder selbst eingraben. Der is grad frisch ankommen, da hat er ihn liegen sehn und hat die Arbeit selbst machen wollen. Und is todmüd gwesen, aber dem Bruder hat er doch selbst die letzte Ehr geben wolln.«

In der Mitte des Obstgartens unter einem Birnbaum frisch gehäufelte Erde. Ein Grab? »Ein Franktireur«, sagt der Soldat. Und dann seh ich mir den Birnbaum genauer an; auf dreiviertel Mannshöhe Einschuß und Ausschuß – nur das Geschoß eines Militärgewehres konnte den starken Stamm durchschlagen. Der Mann, der hier erschossen wurde, hatte sich dieses Grab neben seiner Richtstätte wohl selbst gegraben … Kriegsbrauch, und der Kriegsbrauch muß ruchbar werden in feindseligen Orten ringsumher. Und dann verstecken die Bauern ihre Waffen und ihren Haß und lassen die Hände vom Messer.

Ich verließ den Garten. Ein Bayer sprach mich an: »Ham S' die Gräber gsehng? Eins is in der Mittn vom Gartn, den ham sie net bei die andern eingrabn: der hat fein auf an Postn gschossn. Der is ein Franktirehr gwesn und is aber abgfangen worn und vorgführt. Und da gibts nur die Todesstraf auf die Franktirehr, und der Postn hat ihn selber erschießen dürfn.«

Und hat ihn selber erschießen dürfen … Ein alter Rachebegriff wird zum neuen Kriegsbrauch.

Zu Metz die Mutte läutet!

Die Mutte läutet!

Während ich in meinem Metzer Standquartier meine Feldnotizen ins Reine schreibe, schlägt der Hammer im langsamsten Takte an eine der ältesten Glocken des deutschen Landes: an die Mutte, die im höchsten Turm der Metzer Kathedrale hängt. Schon seit dem Jahre 1381. Und wenn sie auch im Lauf der Jahrhunderte einigemal umgegossen werden mußte, so ist und bleibt sie doch die alte Aufmährerin, die das Volk von und um Metz auf gewichtige Ereignisse aufmerksam macht. (Mutte von *muter*, aufrührerisch machen.) Wenn sie in Friedenszeiten nur beim Kaiserbesuch angeschlagen wurde, so dient sie im Krieg dazu, große Wendepunkte im Feldzug zu verkünden. Langsam, ganz langsam schlägt der große Hammer an das Erz, und alles horcht auf den feierlichen dumpfen Ton. Und dann beginnt innerhalb des engeren Festungsbereiches ein Wandern, ein Wandern – von Oueuleu, von Sablon, von Montigny, von Moulins, von Vallières, von Saint Julien. Und hoch von Woippy herab kommen die Leute und fragen: Was läutet die Mutte? – in allen deutschen Dialekten, die sich hier seit 71 zusammenfanden und im schönsten Französisch und im derbsten Patois: *»Poquèt què senne le Mutte?«*

Eine halbe Stunde lang der feierliche dumpfe Klang. Unterdessen ist ein Volksheer zusammengeströmt und harrt der Dinge, die da kommen sollen. Auf dem Paradeplatz vor dem Stadthaus Mann an Mann gedrängt. Jetzt schweigt die Mutte, und ein Fenster im Stadthaus öffnet sich. Und der Bürgermeister macht den Anlaß des feierlichen Glockenklanges bekannt: Hindenburg …

Und die Musik spielt. Und das Hurra auf Kaiser und Vaterland schallt über den Platz, auf dem vor 45 Jahren noch ein französischer Maire zu einem französischen Volke sprach.

Und die Mutte läutet die alte Hindenburgweise: Sieg! So läutete sie Lüttich, so läutete sie Tannenberg und Antwerpen.

Läute, Mutte, läute!

Es traf sich einmal, daß gefangene Franzosen – aus Pont-à-Mousson – in Metz vorgeführt wurden, als eben die Mutte läutete. Sie erfuhren die Bedeutung bald. Und am gleichen Tag trafen russische Bergarbeiter ein – sie hatten sich in die Fänge Hindenburgs verirrt – um in den Lothringer Hütten zu arbeiten. Eine merkwürdige Laune des Zufalls: die sich in Berlin die Hände reichen wollten, fanden die Begrüßungsgelegenheit in Metz … Und die Mutte läutete in der starken Grenzwacht.

Die Befreier der Lorraine

Französische Gefangene. Die Transporte nach Metz sind an der Tagesordnung. Gleichwohl rennt alles auf die Straßen und schaut sich die »Befreier des elsässisch-lothringischen Volkes« an. Und ich muß oft ehrlich staunen: alte Leute, die über ihre angestammten Sprachkenntnisse nicht hinausgekommen sind, machen im schönsten Patois Witze über ihre Sprachgenossen von drüben.

Lustig klingen die Erzählungen der lothringer Grenzbauern über die großen Gesten, mit denen da und dort eingefallene Bataillone auftraten. Da hatten sie beispielsweise den kleinen Ort Chambrey (südöstlich von Château Satins, also unmittelbar an der Grenze) genommen. Am 7. August – und sie wurden zeitig wieder hinausgeworfen. Der Zufall wollte es, daß in dem Orte die älteste Lothringerin wohnte, die alte Witwe Katharina Henriot, die am 4. Mai 1811 geboren war und also den dritten Feldzug zwischen Franzosen und Deutschen mitzumachen hatte. Natürlich wurde die Frau besonders gefeiert und – der Franzose verbindet mit dem Lob recht gern das Eigenlob – beglückwünscht zu ihrer Refranzösisierung.

Und der Appariteur, der Austrommler des Ortes, mußte antreten und zwischen zwei Mann mit aufgepflanzten Bajonetten durch die Straßen ziehen und mannigfache Bekanntmachungen verkünden. Und am Schluß jeder Bekanntmachung hatte er in Jubel auszubrechen (sonst gerieten die Bajonette ins Wackeln): »*Vive la France! Vive l'Alsace-Lorraine!*«

Ganz geschwollen war den Franzosen das Herz vor Befreiung. Im Postgebäude schrieben sie mit großen Lettern an:

Des soldats Français
de la division de Nancy
avec courage délivrant n o s A l s a c i e n qui depuis
44 ans souffrent d'une blessure au cœur.

Das ist ja echt französisch: so kleine Fehler in der Geographie zu machen. Wenn auch im französischen Schulatlas Elsaß-Lothringen als Appendix von Frankreich zu sehen ist, so glaubten die wackeren Streiter doch im tiefsten Lothringen auf Elsässer zu stoßen, mit der französischerseits bemerkten blutenden Wunde im Herzen. Und so machten denn auch die Lothringer Grenzbewohner mehr erstaunte als erfreute Gesichter.

Und bei dem Wort *»souffrent«* fällt mir ein gelinder deutscher Irrtum ein. Es ist unsern Kriegsärzten bekannt, daß unsere Verwundeten mit der größten Mannheit ihre Schmerzen zu verbeißen wissen. (Ich habe einmal in Mars-la-Tour siebenhundert Mann verladen sehen und keinen Ton der Klage gehört.) Anderseits aber die Franzosen lassen im Durchschnitt ihren Schmerzgefühlen gar nicht ungerne freien Lauf. Und so kam's, daß nach der Schlacht von Lothringen ein Franzose, der neben einem Bayern lag, beständig rief: *»Oh mon Dieu, que je souff'! Que je souff'!«*

»Jh hab selber nix zum Sauffn«, sagte der gutmütige Nachbar.

Denn was anders sonst sollte das gemeinbekannte Wort *»souff«* bedeuten?

Gräber im fremden Land

Manchmal im Feindesland denk ich an malerische kleine Friedhöfe meiner Heimat. Rührend schlichte Holzkreuze. Und die Welt ringsum so still und einsam. Wer diese Gräber besucht, den muß ein frommes Erschauern beschleichen.

Hier draußen die tragischere Note. Ganz frische Gräber über vielen, vielen Toten. Eine andere Landschaft; nur die Höhenzüge der Côte Lorraine erwecken Erinnerungen an die Heimat. Und menschenleer die Gegend und die Gräber einsam und abgelegen. Manchmal freilich eins dicht am Straßengraben und dicht am Kolonnenverkehr, in Eile ausgehoben, aber doch mit ein paar Zweiglein geschmückt, die in

Kreuzesform über dem Grabe stehn. Und manchmal steckt nur das Seitengewehr auf dem Grab, und der Helm ist drüber gestülpt: verzeih, Kamerad, es war nicht kunstvoller zu machen. Und es ist gut so, Kamerad. Helm und Waffe sind Ehrenzeichen.

Die Mannschaften, die des Weges kommen, Brechen den lauten Ton und den Gesang ab. Helme werden abgenommen. Ein ernsthafteres Schauen; ein Einkehren bei sich und ein inbrünstiges Anfragen beim Schicksal! Oder ein Murmeln: »Herr, gib ihm die ewig' Ruah!« Oder Zähne pressen sich dichter zusammen, und rauhe Hände drücken sich fester an die Gewehrschäfte. Und der Alten ein paar tun weit die Herzen voreinander auf, und die Worte ziehen heimwärts. Ob der wohl auch verheiratet gewesen sei, der da unten? Und ob er auch Kinder? ... Und ob sie's schon daheim wissen? Und ob sie's schon glauben oder ob sie am End nicht doch meinen: eines Tags geht die Tür auf, und da ist er wieder. Ob sie wohl arg geweint haben? Und wie's jetzt stünd mit dem Geldverdienen, und ob's wohl viel gute Menschen gab? Und das wär ja furchtbar, wenn's keine guten Menschen gab in diesen Zeiten. Und alles wird teurer – das wenn man wüßt, daß die Kinderl Hunger leiden müssen ... Daß Gott erbarm!

Und ziehn vorüber, die Leute, und es geht wieder ans Singen – das macht die Herzen wieder frei.

Bruder, ach Bruder, ich bins ja geschossen,
Feindliche Kugeln, die hams mich getroffen,
Geh und hol mir einen Feldarzt her,
Obs mir vielleicht noch zu helfen wär.
Bruder, ach Bruder, ich kanns dir nicht helfen!
Helfe dir der liebe, liebe, liebe Gott,
Heut oder morgen marschierens wir fort ...

Die gewöhnen sich das lange Trauern ab da draußen. Zuviel der Gräber. Und das Kriegsleben ruft so laut und dringlich und verlangt den Eilmarsch über die Gräber hinweg.

War das kraß: der Hauptmann B. von den 6. preußischen Grenadieren war gefallen. Bei St. Maurice an der Côte ist sein Grab. Und seine Frau trug ihr hartes Geschick von einem Befehlshaber zum andern, bis man ihr die Wege ins Kriegsland freigab. Der im Schmerz fanatisierte Wille der kleinen Frau öffnete alle Wegsperren. Sie haben sich heut wieder geschlossen. Daß muß ja sein; es darf keinen allgemeinen Weg ins Kriegsland geben. Und – ich hör einen bayrischen Kameraden des Gefallenen wieder erzählen: »Lieber wieder einen Tag wie den von Nomeny oder lieber wieder eine halbe Stunde im Schrapnellregen stehen als so was mitanzusehen. Das muß einem ja die Nerven zusammenreißen. Das, was in der Heimat gelitten wird, darf da draußen nicht mitgemacht werden – man hat ja auch Frau und Kinder! Und dann so was mitansehen und hören …«

Sie führten die fassungslose Frau zurück und hoben sie in den Wagen. Und dann suchten sie ganz mechanisch die kleine Schenke auf, die sie sich zusammengebaut hatten. Sie nannten sie ihre Bar. Und die Ordonnanz, die hier waltete, war ein regelrechter Berliner Barmischer.

»Sekt!«

Da schäumte er im Glase. Und keiner sprach »Herrgott, Kinder!« kreischt einer. Und dann eine künstlich kalte rauhe Stimme: »Na, prost!« Die banale Redensart befreite; sie war nie besser am Platz.

Nicht weit von dem Hauptmannsgrab liegen drei Soldaten in der Ruh. Ihre Helme stecken auf rohen Holzkreuzen: der eines Pioniers, eines Kanoniers und eines Infanteristen. Und ein Mann von den Vierten Bayern kam des Wegs, und sein Helm war verbeult und quälte den armen Teufel, der täglich mitten im Kampfgebiet stand und den Wert eines soliden Kopfschutzes zu würdigen wußte. Und so zog er seinen alten Helm und legte ihn nieder. Und stülpte sich einen um den andern von den dreien auf, bis er sich für den des toten Infanteristen entschied. »Gibst ihn halt her, Kamerad!«

Und legte seinen zerschundenen Helm auf das Kreuz und ging seiner Wege.

Ich erinnere mich einer Bagatellsache, die bei einem Münchener Gerichte anhängig war: eine Frau hatte von einem reichen Grabe ein Kränzlein genommen, um ihrem toten Kind eine Freude zu machen …

Und weiß ich's was der bayrische Infanterist in seinem Innern mit sich sprach … So rauh diese braven Burschen im Zuhauen sind, so butterweich sind sie oft im Herzen.

Die Geschichte vom Feldspatzen

Ein borstiger Soldat hat mir einmal ein ganz seltsames Geschichtchen erzählt: vom Spatzen, den sie erschießen wollten, die Französischen – und die Bayern litten's nicht.

Wie der kleine Spatz zwischen die beiden Schützengräben kam, mag man sich mit der Frechheit aller Spatzen erklären. Vielleicht knallten sie ein Weilchen lang nicht, und vielleicht war's dem Spatzen im nahen Dorf zu langweilig geworden; er flatterte plötzlich im Felde nieder und spazierte pickend umher, und die Bayern lachten, weil der Bursche so schön frech war. Aber die Franzosen reizte es, auf das winzige Ziel zu schießen, und man sah, wie der Spatz erschrocken seine Flügel ausbreitete und sich fest an den Boden schmiegte. Die Franzosen schossen weiter. Einer der Bayern schimpfte kräftig, und schließlich griffen sie alle zu ihren Gewehren und pfefferten auf den Graben drüben, daß die Schollen aufstäubten. Und der Spatz gab sich plötzlich einen mutigen Ruck und flog auf und entrann der Gefahr.

»Die Malafizkerl – han, was brauchn denn die auf den Spatzn schießn? Der is ja net im Kriag, und was hat er eahna denn to?! Und sehgn S': ih moan, ih täusch mih net – ih muaß oan von die Haderlumpn troffa ham. Gschrian hat oana, dees woaß ih gwiß. Vielleicht, daß ih'n do a bissl gstreift hab – a Stückl von sein Käppl hab ih recht schö gsehn beim Abdrucka. Waar eahm fei wirkli recht gschehgn – was hat eahm denn der Spatz to?«

Was mir so überaus nett vorkam: der Mann hatte das kleine Erlebnis in sein Notizbüchl eingetragen. Er blätterte: »Am 19. September is's gwesn.« – »Kamerad, laß mich das lesen!« Aber er ließ mich nicht in sein Büchl gucken – es war da wohl manches fürs eigne Herz allein geschrieben.

Tagebücher der kleinen Leute

Ach, diese Soldatennotizbüchl sind was Liebes. Die Leute schreiben wohl oft ganz faustdicke Irrtümer nieder, aber manchmal findet man Zeilen, die recht nachdenklich stimmen. Ein Kraftwagenführer hat mir einmal sein Büchl freimütig ausgehändigt; ich notiere ein paar Zeilen:

13. August. Tagsüber ist es furchtbar heiß, die Nacht aber so kalt. Denk oft nach Haus, wie wirds meiner Familie gehn. Jetzt macht sich wieder das wenig Essen und Trinken bemerkbar. Und kann nichts kaufen, sparst es für daheim.

19. August. ... erhielt ich den ersten Brief, wo meine Familie sandte. Mir gingen die Augen über vor Leid, was meine Buben schon tun wollen zuhaus, Kränze binden. Aber wir kommen noch nicht heim.

20. August. Unterwegs begegneten wir 19 Mann Verwundete, nur Arm- und Kopfwunden. Wir hielten an und fragten: »ob Ihr verwundet seid?« Ein schnelles »Ja«, worauf einer sagte: »die Franzosen sind gelaufen, so schnell hab ichs noch nicht gesehen laufen.« Ich fragte nochmal: »Was hast Du in der Hand?« »Ah, durch die Hand hat mir einer geschossen«, und lacht laut auf, als möcht' er sagen, ich möcht' gleich wieder in die Linie.

22. August. ... lasen zufällig in der Zeitung, daß Deutschland überall gute Siege hat. Hurra!

4. September. In Remokur hatten wir einen Unteroffizier, der ist ein Artist gewesen und früher einmal beim Schichtl, der hat baden wollen, aber kein Wasser da. Dann haben wir ihn an einem Strick in eine Zisterne hinabgelassen, da sind viel Brotzen (Kröten) dringewesen. Da hat er gebadet und gleich geschrien: »Ziehts mich wieder heraus« und ist danach dreckiger gewesen wie vorher, ein solches Wasser ist in diesem Brunnen gewesen.

5. September. ... kam ein Ulan mit Pferd vorbei, von ihm schwang ein Strick herunter, wo rechts ein französischer Zivil am Arm angebunden war. Rechts vom Pferd ging auch hinter ihm ein Soldat mit aufgepflanztem Seitengewehr. Der Zivil hatte geraubt und geplündert, hatte 100 Mark in Gold bei sich und 16 Uhren in der Tasche, der kommt vor das Standgericht und wird erschossen, das ist der Lohn für solchene Bazi.

6. September. ... um 4 Uhr Nachts erwachte Kanonendonner, tun immer ihre Arbeit, die neuen Geschütze 42 cm vom Krupp, wo bisher geheim gehalten wurden, erkennt man unter allen heraus, die schlagen vier Meter Eisenbeton durch.

9. September. ... heute endlich einmal den handbreit hohen Staub genetzt, das war ein schreckliches Laster.

12. September. ... wie wir in Metz einfahren, sahen wir wieder einmal eine Trambahn, da muß man sich wieder dran gwöhnen und

reichte uns eine alte Frau zwei mit Marmelade bestrichene Brote hin, das war ein Leckerbissen seit 5 ½ Wochen. Mittag haben wir gegessen auf eigene Rechnung in der Brauerei, das war ein guter Schmaus.

Tragikomödien

Der Infanterist Noichl aus München – gefallen. Sie hatten ihn alle gern gehabt und wollten sein Andenken besonders ehren. Und ein Unteroffizier seiner Kompagnie, der im bürgerlichen Leben Steinmetz ist, suchte in der Côte nach einem schönen Stein. Am 14. Dezember tauchte dann in Herbeuville ein ansehnlicher Felsblock auf, zurechtgehauen und mit einem gemeißelten Lorbeerkranz umrandet, in dessen Mitte zu lesen war: »Hier ruht in Gott unser tapferer Kamerad Joseph Noichl, gefallen am 1. Dezember 1914.«

»Herr Hauptmann, wir haben einen Stein gefunden, den wo es nur in Frankreich gibt, den wollen wir unserm Noichl aufs Grab setzen.«

»Brav und gut; tun Sie das.«

Aber nach einiger Zeit kommt der Unteroffizier verlegen wieder zum Hauptmann: »Herr Hauptmann, melde gehorsamst, wir können das Grab vom Noichl halt nicht gleich finden. Wenn der Herr Hauptmann so gut sein möcht und den Stein in Verwahr der Reservedivision nehmen möcht?«

»Schön; gemacht!«

Nachmittags kommt ein Gefreiter. »Melde gehorsamst, Herr Hauptmann, einen schönen Gruß vom Noichl, und man soll ihm den schweren Stein nicht hinauflegen, bis nicht sein Streifschuß geheilt ist. Er liegt im Lazarett zu Viéville und möcht bald wieder ins Feld.«

Ein anderer Widerruf einer Totsagung wurde im Oktober in Lissay bei Dampvillers gedruckt herumgereicht. (Er stand im Zellerfelder Anzeiger vom 8. Oktober 14.)

»Todesanzeige vorläufig widerrufen.«

Leider mußten wir zu unserm größten Bedauern die Todesanzeige von unserm lieben Sohn Karl in der Zeitung lesen. Es ist eine große

Dreistigkeit von Fräulein R., denselben für tot zu erklären ohne unser Wissen und Willen, da Fräulein R. keinen Auftrag und kein Recht dazu hat, denn wir als Eltern denken, daß wir doch zuletzt unsern Sohn aufgeben würden. Da bis jetzt Fräulein R. noch keinen Anteil an unserm Sohn hat und auch keinen Anteil an ihm bekommen hätte, da wir die Nachricht erhalten haben, daß unser Sohn verwundet ist, zeigt an Familie G.«

Ein Schützengrabenverein

Der Gefreite Karl Kaiser, ein Münchner, war am 22. Dezember bei Combres gefallen. Als ich um die Jahreswende ein bayrisches Soldatendorf an der Côte Lorraine besuchte, baten mich Münchner Reservisten, die Todesanzeige an ein Münchener Blatt zu senden. – »Gerne.« – »Ja, aber so, daß es vom Verein Eselsbatterie ausgeht!«

»Verein Eselsbatterie??«

»Ja, das is der älteste Verein, wo in einem Schützengraben gegründet worn is. Seit wir halt auf der Côte Lorraine liegen, ham mir den Verein, net wahr. Und weil vor unserm Graben eine Eselsbatterie liegt und allweil auf uns schießt, so ham mir den Verein Eselsbatterie tauft.«

Vorsichtshalber frage ich den Oberst.

»Die Leute glauben, daß die 3,5 cm-Revolverkanone der Franzosen von Mauleseln gezogen wird. Das stimmt nicht, aber es ist ihnen nicht auszureden.«

Gut – ich will auch nichts an der Soldatenmeinung ändern; aber der Verein interessiert mich. »Wieviel habts denn Mitglieder?«

»Sieben; lauter Münchner.« – »Na«, fahrt einer dazwischen, »nur mehr sechs, wo doch der Karl gfalln is, net wahr!«

Und da geben sie mir das Manuskript zu einer Todesanzeige im Vereinsstil: »Die Mitglieder des Vereins Eselsbatterie erfüllen hiermit die traurige Pflicht, seine Angehörigen und Bekannten geziemend in Kenntnis zu setzen. Ein stets ehrendes Andenken bewahren ihm die Vereinsgründer und Vorstandschaft: Unteroffizier der R. Rupert Heß, Reservisten Otto Prenner, Franz Hafeneder, Hans Burkhardt, Wolfgang Schiedermeier, Franz Pointl.«

Also: ein tapferer Münchner Bursch ist gefallen. Droben auf der

Côte Lorraine, in der Hölle von Combres, wie man den blutgedüngten und feuerüberschütteten Raum füglich heißen mag, liegt sein Heldengrab, und seine engeren Freunde haben es zu schmücken versucht. Vereinspflicht.

Eine wunderliche Friedensgewohnheit ist in den Krieg mitgezogen: wenn ein paar Deutsche nebeneinander leben, wird ein Verein gegründet. Aber ich vermag nicht, dasselbe Lachen drüber aufzustekken wie im Frieden. Der Fall liegt ganz anders. »G'sammelt ham mir auch«, sagt der Unteroffizier.

»Für wen?!«

»Ja, weil s i e jetzt dasitzt mit dem Kind; das is erst vor vierzehn Tag auf die Welt kommen. Er hätt sie fein ganz gwiß gheirat', das hat er allweil gsagt. Und jetzt müaßn halt mir was toa – dafür is der Verein da.« Und der Mann zieht einen Beutel aus der Tasche und zeigt mir eine Postanweisung: 145 Mark an Frl. M. R. in München, Reiffenstuhlstraße 13 III.

Der neue Schützengrabenverein fängt an, mir zu 'gefallen. Auch die alten Friedensvereine – diese Hunderte von kleinen Münchner Gesellschaften mit den manchmal ganz lächerlichen Titeln; sie haben alle ihre deutschen Opfer gebracht, und von denen, die ins Feld gezogen sind, hat's noch keiner zu bedauern gehabt, irgendwo Vereinsbruder gewesen zu sein. Und nun diese kleine Schützengrabengesellschaft, Waffenbrüder, die sich in aller Not eng aneinanderschließen wollen und die eben im altgewohnten Vereinscharakter den Inbegriff alles Zusammenlebens sehen.

Soldaten, die schon den Grund legen zu dem künftigen Kriegerverein. Und die schon das Beste und Praktischste dieser Vereine voraussehen und erfüllen: Herz und Beutel auf.

Macht nichts, daß der Verein den Hauptplatz im Herzen hat; er wird ihnen im Frieden ein Sammelpunkt der Erinnerungen sein, des Zusammenplauderns.

»Und das is fein der älteste Verein! Am 18. Oktober, da ham mir ihn auf der Côte Lorraine gründet. Und eine Standarten muß her, da muß in der Mitt eine Eselbatterie sein und außen die Namen von die Gründer. Beim Karl Kaiser muß hinten ein Kreuzl hin …«

Ein Nachruf

Irgendwo in der rheinischen Pfalz haben Bahnarbeiter die Kunde erhalten: ihr Kamerad L. G. ist auf dem Felde der Ehre gefallen. Sie wollen die Todesanzeige mit einem runden Dutzend Unterschriften in die Zeitung geben. Das ist brav und gut und ehrt den Toten wie seine lebenden Freunde gleicherweise.

Aber die merkwürdige Art, den Todesanzeigen Verse beizufügen ... Ungelenke, manchmal in ihrer Naivität rührende Verse. Und manchmal wieder ein Wust von Worten – man soll's doch lieber sein lassen, und wenn dieses Dichten auch aus tiefster Seele kommt.

Ich möchte die Verse, die die braven pfälzischen Bahnarbeiter im »Landauer Anzeiger« (am 11. Februar) veröffentlicht haben, als geradezu charakteristisch für die üblichen Versentgleisungen wiedergeben. Es sind ein paar ganz rührende Zeilen drin, die mit dem Herzen gelesen sein wollen; aber die Burleske hinkt hinten nach und verdirbt die Stimmung, die ein schlichtes Wort geweckt hat:

Mit frohem Mut, fürs Vaterland zu kämpfen
Bist Du jüngst hinausgezogen in das Feld
Und hast uns zugerufen den letzten Gruß,
Bitter ist es, wenn man scheiden muß.

Bei Deinen Eltern liegt die Trauer
Tief noch in dem Herz
Von Deines ältesten Bruders Nachricht,
Der in der dunklen Nacht Gefallen in der ersten Schlacht.

Auch den zweiten Bruder hat das Schicksal bald ereilt,
Denn ein Granatensplitter
Hatt' sein Gesäß schon halber weggefeilt:
Mit Gottes Hilfe und Gedeihen
Steht er heute wieder in der Schlacht
Und hat schon manchem bösen Feind
Das Leben weggerafft.

Wenn wir denken an die frohen Stunden,
Die wir verlebten in der Runde
So manchmal an der Bahn –

Und jetzt ist unser Freundschaftsband gebrochen
Auf unserer Lebensbahn.
Auch Dich ereilt' eine tück'sche Krankheit
In einer kurzen Zeit, und deine Lebensfreude
Wurde wie vom Sturmwind weggeeilt.
Die Heimat hat's mit Schmerz erfahren,
Daß Dich der Tod hinweggerafft!
In Deiner Jugend Blütejahren,
In Deiner schönsten Manneskraft.

So leb' denn wohl und ruh' in Frieden,
Wir denken Dein zu jeder Zeit,
Und wenn der Sieg ist uns beschieden,
Lebst Du als Held in Ewigkeit.

Granaten

Da Granaten zu den alltäglichen Dingen des Kriegs gehören, darf ich wohl wieder einmal etwas von feuerfesten Soldaten erzählen.

In Lammes, so im Dezember, riß eine französische Granate ein Haus buchstäblich auseinander. Der angebaute Stall stürzte nicht ein, und so geschah den beiden dort einquartierten bayrischen Schwalangschehrs mit ihren Gäulen auch nichts zuleide. Aber doch der Augenblick …

So fragte man den einen andern Tags: »Na, Jakob, wie war's?«

»Bifehl, Herr Leidnan, mir ham so guat gschlafn ghabt; da sagt auf oamal der ander zu mir: Du, da muaß a Gaul los worn sein! Sag ih: nana, dees muaß a Granatn gwesn sein! Dann ham ma ghorcht und ghorcht und ghorcht – is aber nix mehr los gwesn und mir san halt wieder eingschlafn …«

In Buxerulles hatten sie dem Rittmeister Jahrmarkt (dem bekannten Herrenreiter) ins Quartier geschossen. Die Granate riß das übliche Loch in die Wand, und der Rittmeister konnte von seinem Bett aus ins Freie blicken – der Morgen begann eben zu dämmern.

Und der Bursche kommt hereingestürzt.

»Nein nein«, erfährt er, »da steh ich nicht auf. Wo eine Granate hingetroffen hat, da kommt die nächste ganz sicher nicht hin.« Und schlief weiter, der Rittmeister.

Dicht vor Essey fällt eine Granate schweren Kalibers auf der Landstraße ein. Die Franzosen, die auf jeden einzelnen sichtbaren Mann solche kostbare Munition zu verschwenden pflegen, haben den wehenden Mantel entdeckt, in dem der Unterarzt hier zu lustwandeln liebte. Na, der Mann hatte Glück: ein Blindgänger. Aber auch mit Blindgängern ist nicht zu spaßen (es kann gelegentlich noch allerlei passieren), und so stellte man vorläufig einen Posten an die Stelle, wo sich das schwere Stück eingegraben hatte. Der Unterarzt kann sich's nicht versagen, nach einiger Zeit wieder auf den Schauplatz der Begebenheit zurückzukehren. Er sieht den Posten: »Mensch, Sie leiden wohl an Hitzen? Mitte Dezember und ein böser Wind – ziehen sie doch gefälligst einen Mantel an!« Der ärztliche Rat war sicher gut gemeint, aber der Posten sagte mit bescheidenem Lächeln: »Zu Befehl, Herr Doktor, wegen einer kleinen Erkältung kann man hundert Jahre alt werden; aber (und jetzt fiel er in seine heimatliche Sprache zurück) wannst da auf der Straß in der Früah an Mantl anziehgst, dann bist halt abends a Leich!«

»Ach, ja …« Der Arzt enteilte. Er fand übrigens andern Tags das Klima in Essey schon weit, weit milder. Fast südlich. Jedenfalls ließ er den Mantel bei seinen Spaziergängen zu Hause.

Zu Vandières, das war einen Monat früher. Der Pionierhauptmann lag noch im Bette um sechs Uhr morgens. Aber die Franzosen waren schon auf den Beinen und sandten einen schweren Morgensegen herüber, der in dem Garten dicht neben des Hauptmanns Quartier einen Erdkrater aushob. Und der Bursche stürzte herein; stand stramm und meldete: »Entschuldigen, Herr Hauptmann, soll ich die Koffer packen oder Kaffee kochen?«

»Kaffee kochen.«

»Befehl, Herr Hauptmann.« Schlug die Hacken zusammen, machte Kehrt und ging hin und kochte Kaffee.

Die Porträte des Herrn Poincaré

Poincaré, der interessante Landesvater der Franzosen, wird seinen sicheren Platz in der Weltgeschichte erhalten. Und für sein Fortleben im Bilde haben die Photographen gesorgt und eine Anzahl der vielen Pariser Maler, die sehr gern den Landesvater porträtieren und sein Bild in die Provinz verschachern. Auch das Städtchen Chaillon ist stolz darauf, den berühmten Mann in *effigie* zu besitzen. Das Bild hängt in der Mairie zu Chaillon, hat einen wundervollen Luxusrahmen, auf dessen unterer Querleiste in Goldbuchstaben zu lesen steht: *Raymond Poincaré, President de la Republique.*

Aber die bayrischen Reiteroffiziere, die auf Kriegswegen nach Chaillon kamen und in der Mairie abstiegen, fanden das Porträt wenig interessant, ja stofflich sogar unsympathisch. So entfernten sie es aus dem Rahmen und deponierten es in der Gemeindekanzlei, damit es gegen alle Zufälle geschützt sei. Und so sah man nun inmitten des stolzen Rahmens die blasse Wand, und die Spaßvögel konstatierten: »Heut sieht er aber recht blaß aus, der Herr Musjeh!«

»Oder: »Ujeh, die Falten – er hindenburgelt ein bissl!« Oder: »Eine nachdenkliche Blässe – das gibt wieder eine Offensive ...«

Und einem fällt's ein: wie seh ich als Präsident aus? Er stellt sich hinter den Rahmen. Man gratuliert ihm und lacht sich aus. Und schließlich photographiert man ihn, und endlich will jeder einmal in seinem Leben *Président de la Republique* sein – schwarz auf weiß – viele, viele Platten werden verschwendet.

Und man erzählt, daß nach dem Krieg Herrn Poincaré ebensoviele Abzüge zugehen werden. Mag der französische Landesvater sich dann ein Bildchen aussuchen, das ihn möglichst menschlich wiedergibt. Er wird es nötig haben.

Lo Zeppelin!

Eine ganz miserable alte Lampe. Aber der Bauer stritt lange um ihren Besitz und behauptete, er wolle sein Haus, seine Heimat und sein Frankreich nicht von mir verfinstern lassen. Und ob ich überhaupt wisse, was Petroleum heutzutage koste – in dieser Kriegszeit? Champagner sei leichter aufzutreiben.

Aber während der Pisang stritt, hatte die Pisangin das Ohr am Fenster und lauschte.

»Paß' auf, Pisang, geh' doch in dein Bett, es ist ein Uhr nachts. Mensch, morgen müßt ihr alle im Ort sehr früh zum Appell antreten. Morgen müßt ihr endlich eure dreckige Straße fegen. *Compris?* Und jetzt gib mir deine Lampe!«

Die Pisangin hatte das Ohr am Fenster und lauschte in die Nacht.

Aber der Pisang griff zu seinem gröbsten Patois und schimpfte: *»Lam' me lamp'! Lo pétrol ô si cherre. Po'quès ques l'Empereur ès fat quès lo pétrol ô si cherre! Po'quès quet tès besan d'enne lamp'? Lo Zeppelin t'envoyeuse enne bombe desu lèst tête …* Laß du mir meine Lampe; das Petroleum ist viel zu teuer. Warum hat der Kaiser das Petroleum so teuer gemacht? Und zu was brauchst du denn die Lampe? Der Zeppelin wirft dir eine Bombe auf den Schädel …«

Da wollte er wohl noch beisetzen: »wenn du Licht hast in deinem Hause« – aber die Pisangin tat einen wüsten Schrei und stürzte zur Stube hinaus: *»Lo Zeppelin! Lo Zeppelin!«*

Und jetzt hörte ich ihn auch: die Propeller surrten ihre Nachtweise. Pffff – da hatte der Pisang das Licht ausgeblasen und eilte hinter seiner Pisangin her in den Keller.

Ich eilte hinaus. Die Nacht war kalt und fast heiter. Breite Schneewolken dämpften den Mondschein ab: das Sternenlicht war stärker und bestrahlte kalt, hoch, hoch über der Flur den langen Luftkreuzer. Ein beinahe schimmerndes längliches Etwas – ein Zeppelin …

Der Zeppelin im Feindesland. Genau dieselbe große Zigarre in der Luft, nach der ihr drüben geguckt habt, bis euch die Hälse steif wurden. Und genau dasselbe Surren der Propeller und genau dasselbe Schwimmen im Meer.

Aber: über Feindesland und in der Nacht, und die Lampen des Schiffes sind gelöscht. Und es sitzen keine Leute in der Gondel, die fürstliche Gelder bezahlt haben, um einmal tausend Meter über dem Alltag ein Gläschen Champagnerwein zu trinken. Soldaten … In der Gondel Soldaten und vielleicht auch auf der Plattform neben Maschinengewehren. Und die Sektkühler von damals – na, malt euch die für den Kriegsgebrauch aus: Melinit, Ekrasit, oder wie das Zeug heißt! Und vielleicht hängen unter der Gondel die sagenhaften Körbe, in denen eine der Zeppelin-Legenden die Bombenwerfer herabseilen läßt …

Und denkt euch: von frischem Kriegsboden hinaufzublicken und das nächtliche Geisterschiff an Gewölk segeln zu sehen, an Gewölk, das vor phantasierenden Augen in Menschenmassen, in kämpfende Heere sich umzeichnet. Die wilde Jagd, Walkürenritt – ach was: ein flüchtendes Heer von »Times«-Redakteuren! Und die Leute von Reuter und vom »Daily Liar«! Gewölke zeichnen alles, was das Herz im stillen wünscht …

Der Zeppelin überm Kriegsland. Ach, wie wir damals den ersten Luftkreuzer über München sahen! Neugierde, nicht ungemischt mit Grauen. Das große, größte Ereignis. Die Schuljugend hatte frei – wie ich zwanzig Jahre zuvor in meinem Dorf am See frei hatte, als der große Fisch gefangen wurde, der beinahe einen Zentner wog. Ich seh ihn heut am Himmel aus dem Gewölk schwimmen, den großen Fisch von ehedem.

Und mit dem großen Ereignis Zeppelin seh ich alles Erstgesehene wieder im Gewölk: den ersten schwarzen Mann meines Lebens und den ersten roten Indianermann. Dann: das ist ein Steinbruch in den Himmeln, und die kleine Schlange seh ich wieder über die Klippen kriechen; und dort ist der erste tote Mann im Bach und die große Feuersbrunst zu Aufkirchen. Und dort zieht der Zigeunertrupp, der auf die Gendarmen schoß; und da: der Totschlag auf der Gasse. Ereignisse, die das junge Leben schreckten, stürmen mit dem Schiff in den Lüften in die Erinnerung und wollen die Gänsehaut von damals wieder. Aber droben segeln Freunde – deutsche Soldaten!

Mag's anders auf die Franzosen wirken? In dem Augenblick, da das Surren der Propeller erstirbt und da mir das Schiff in der Nacht entschwindet, haben andere seine Ankunft wahrgenommen: Andere, drüben über unsern Gräben. Und an hundert Telephonen sprechen hundert französische Soldaten das gleiche »Le Zeppelin! Le Zeppelin!« In den Fliegerschuppen arbeiten verschlafene Mannschaften nervös an den Flugzeugen, und die Flieger fluchen Befehle, während sie ihre Kleider in Ordnung bringen. Auf zur Verfolgung! Und der Telephondraht meldet unaufhörlich in fernste Strecken: »Le Zeppelin! Le Zeppelin!« Ein halbes Frankreich gerät in Aufregung, und schon erträumen sich die Menschen Ereignisse, die in Sekunden zum gesprochenen Wort werden.

Und Lichter erlöschen und Keller füllen sich.

Zeppelin …

Und droben segelt der Luftriese und klimmt höher und höher und steckt sich hinter die Schneewolken. Und Scheinwerfer blinken auf und senden aus glühenden Augen Lichtströme in den Himmel und bespähen die Gebilde in den Lüften.

Wo ist …? Er kommt wie der geheimnisvolle Gast, und niemand weiß sein Ziel. Er ist der Blitz, aus heiteren Himmeln. Der Luftschreck. Und doch beschwor ihn die Volksphantasie sehnlichst herauf: den fliegenden Holländer und den Erzzauberer Faust. Zeppelin.

… Und mein Pisang sitzt noch im Keller mit seiner Pisangin. Ich eile, die Lampe zu nehmen, die er auf der Flucht zurückließ. *Lo pétrol cherre*! Und in einer abscheulichen Kammer schreib ich in mein Tagebuch: der Zeppelin!

Hindianer

Im Oktober zu Vigneulles an der Côte Lorraine. Ein Armeebefehl gibt bekannt, daß man möglicherweise bald indische Truppen vor sich haben würde. Und soundso sehen sie aus …

Das ist wieder neuer Gesprächsstoff im Schützengraben. Ich denk, wir hören den Leuten ein bissel zu.

***

Der Zwieselhueber: Jetz kemma die ganz andern aa noh – habe die Ehre! – Hindianer. Wenn mehr als zwölfi aufs Dutzend genga, nachat fürcht ih mih.

Der Kaschper: Von dene Hindianer hat a jeder a giftige Schlang bei eahm. Dees muaß ma g'lesn ham in dee Büachln. Ohne sei giftige Schlang geht von dene koana aus'm Haus. Wia ma halt bei uns an Regenschirm mitnimmt, net wahr.

Der Alisi: Ih mag's gern, dee Viecherln. Ih hab fei scho vül Schlangen gsehng in die Aquarium und in die Zirkus und in die Menascherien umanand. Grad zünfti san s'.

Der Keferloher: Rindviech, kaiserlichs! Da hört sih's fei auf mitin Zünftigsei – bitschbatsch, bist scho bissn. Und bist scho hin aa.

Der Alisi: Oha! A bißl langsamer! Aso dischkeriert ja mei Gwehrkolbn: bitschbatsch – und is scho hin aa, so a hindianischer Angilotti.

Der Keferloher (grübelnd): Jetzt wern s' halt schwer aufztreibn sei, weil's scho z'kalt is … Jetz ham sie sih halt schon alle verkrochn.

Der Zwieselhueber: D' Schlangen??

Der Alisi: Na. Woaßt, d'Igel. Da Herr General müaßt halt alle Igl zsammfanga lassn. Dee fressn nix liaba als wia Schlangen. Ahhh, sagt so a Igl, bal er a recht giftige siehgt, ahhh, geh her, Gschmacherl! Und frißt's mit Dreck und Speck.

Der Kaschper: Braucht er nur auf England hinteri schreiben, da Herr General. Da gibts es hauffaweis, die Schweinigl.

DER KEFERLOHER: Elefantn ham s' aa, dee Indischn. Statt die Roß.

DER KASCHPER: Müaßt er a schöns Briaferl auf England hinteri schreibn, da Herr General, bal er Schweinigl braucht.

DER KEFERLOHER: Dee hindianischen Patrolln reitn auf dee Elefantn. Der wo deeselln Büachln glesn hat, der woaß dees.

DER ALISI: Ih mag s' gern, d' Elefantn. Dee wo zwoa Buckl ham, dee hoaßt ma Trampltier.

DER ZWIESELHUEBER: In dem welchern Schützngrabn hast denn dei Hirn verlorn, han? Du Oberrindviech: dees san ja die Kamöl, wo dee vüln Buckl ham!!!

DER ALISI: Wo san nachat d e i n e vüln Buckln?

DER KEFERLOHER: Statt an Helm ham s' a Kopftüachl, dee Hindianischn. Daß eahna d' Läus net derfriern, ham s' a Kopftüachl.

DER KASCHPER: Wia d' Hausnbäurin vo Nußham. Dee wann sei Kopftüachl auf'n Tisch hilegt, lafft's von alloa davo.

DER ALISI: Im Gesicht san s' ganz schwarz, dee Hindianischn. Braucha s' eahna net waschn.

DER ZWIESELHUEBER: Dee Hindianischn Menschn –

DER ALISI: Braucha s' eahna net waschn, weil s' sowiaso schwarz san.

Der Zwieselhueber: Dee hindianischn Menschn –

DER KEFERLOHER: Moanst, du woaßt was? Mei Liaba, du hast deselln Büachln net glesn. Da steht alles drin von dee vüln Erdteil.

DER ZWIESELHUEBER: Dee hindi – –

DER ALISI: Bist krank! Mit deine ewign hindianischn Menschn!

DER KASCHPER: Engerling hat er im Hirn. Von dem vüln Umanandliegn in die Schützngräbn hat er Engerling kriagt.

DER ALISI: Und is eahm 's Hirn eigfrorn. Hörst es net?? Ssssss – dees san d'Engerling, dee tean Schlittschuh fahrn in sein Hirn.

DER ZWIESELHUEBER: Was hast gsagt?

DER KEFERLOHER: Nix werd grafft! Saggradi – wo solln denn die Hindianer an Respekt hernehma!

DER KASCHPER: Dees mit die Schlangan geht mir net aus 'm Kopf … Dee arma Viecherln!

DER ALISI: ???

DER KASCHPER: Auf 'm nakatn Bauch umanand kriacha – und is fei jetz saukalt bei der Nacht.

DER ALISI: ???

DER KEFERLOHER: Hast du aa Engerling …

Der Kaschper (grübelnd): Wia leicht konn oane an Keuchhuastn kriagn …
Der Alisi: Hörst net auf, du Himmlherrg – –
Der Kaschper: Und hat koane Pulswärma und koane Strümpf net …
Der Zwieselhueber: Hört es?! Ssssssss … Dös san seine Engerling …
Der Kaschper: Aufm nakatn Bauch umanandkriacha – und liegn oft wo gspitzige Kieslstoa …
Der Alisi (drohend): Kaschper!!!
Der Kaschper: Ih möcht koa hindianische Schlang net sei …
Der Alisi: Hörst jetz net bald auf, du Malafiz –
Der Kaschper: Net um 1000 Guldn möcht ih a –
(Jetzt wird er mit vereinten Kräften verdroschen. Der Schützengraben verschwindet hinter dem Vorhang; Geschütze donnern in der Ferne.)

Zu Gravelotte die bayrischen Schwalangschehr

Der Kaiser kam von den westlichen Stellungen her nach Gravelotte gefahren.

Bayrische Schwalangschehr (was man doch aus Chevaulegers für ein breites bayrisches Wort drechseln kann!) waren in Gravelotte einquartiert und striegelten vor den Stallungen ihre Pferde und derbleckten nebenbei die gesamte Einwohnerschaft des Ortes, die ihnen durchaus Ansichtskarten verkaufen wollte.

»Mir könna net schreiben – geht's mit enkere Karten!«

»*Oh, vous rigolez* … Sie scherzen!«

»Und koa Geld ham ma aa net. Ham Sie schon oan zahln sehgn, der wo koa Geld net hat?!«

»*C'est drôle* – nein, wie fidel!«

»Red' deutsch, Kerl!« Und der Schwalangschehr erhob drohend seinen Striegel und schien dem Ansichtskartenmann die französische Zunge deutsch zurechtbürsten zu wollen. Aber der Mann riß aus.

Erfreut nahm ein altes Weib seine Stelle ein (»hübsch zahnlucket«, taxierte der Schwalangschehr); die Dame hausierte mit Mirabellenschnaps. »*Le Schnaps – ça donne du courage! Les soldats français trinquent* (wahrhaftig: sie haben mit unserm schönen Wörtl ›trinken‹ ihre Sprache aufgefrischt) *toujours du Schnaps!*«

Der Schwalangschehr sah eine Sekunde lang begehrlich nach dem berühmten Mirabellenschnaps von Gravelotte und spitzte zu dem Wörtlein ›Kurasch‹ sein Ohr. Die Schnapsschneid? Er erinnerte sich eines Trupps Französerln, die man drüben an der Côte Lorraine völlig beschwippst abgefangen hatte – »na«, brummte er, »mir brauch' ma koan Schnaps net!«

Waren die angeschnapselt damals, die Französischen. Mit tiefinnerlichem Händereiben erinnerte sich der Schwalangschehr daran, das Wort genommen zu haben wider einen wankenden Caporal. Oder zwei Worte: »Bsuffene Loas!«

»*Oh, monsieur – une petite Mirabelle …*«

»Nix Mosjeh! Mir brauch' ma koan' Schnaps – mir ham ma unsere Lanzn. Grad woach gengan s' …«

Ein heißer Kampf mit den handelslüsternen Gravelottern. Aber unsere Schwalangschehr striegelten kaltblütig ihre Pferde weiter und derbleckten die Menschen. Nebenbei schielten sie zu den Mädeln von Gravelotte, die so nudelsauber sind, daß man lange und kurze Sprichwörter auf sie erfunden hat. Schon Anno siebzig haben unsere Mannsbilder runde Augen gemacht, als sie diese Mädel sahen. Ein erblicher Zustand – die Söhne und Enkel kegeln sich Anno 1914 fast die Augen aus.

»Grad a Buss'l!«

»*Nix baisers*!«

Ist das nicht in Grund und Boden hinein unverschämt: diese nudelsauberen Mädel, die keinen Kuß feil haben, kommen jetzt mit Käsbroten daher … Und wenn sich's hundertmal um den berühmten Gravelotter Ziegenkäs handelt, der weich und fein und wohlschmekkend das herrlichste Käsebrot der Welt zu schmieren befugt ist – Kaas bleibt Kaas und is halt kein Busserl.

Aber die braven Schwalangschehr greifen halt doch zu den Käsbroten, zahlen mit Geld und einem Seufzeragio, und während die Rechte striegelt, weiß sie nicht, daß die Linke das Käsbrot zum Munde führen tut.

Patsch – da fällt dem Schwalangschehr Lenggrieser das Brot aus der Linken in den sehr (sagen wir:) weichen Gravelotter Boden, und aus der Rechten fällt der Striegel. Patsch. Der Gaul dreht sich verwundert und vorwurfsvoll um, weil sein Reiter die Hacken zusammenschlägt, als wenn er seine Fersen zerschmettern möchte.

Baumgerad steht der Schwalanschehr Lenggrieser da und rollt die Augen nach der Straße – ein Auto hat angehalten.

Der Kaiser steigt aus dem Auto.

Vom Kaiser und von den Breißen

Da gibt's eine Anzahl von historischen Häusern mit Tafeln überm Tor: »Hier wohnte im Jahre 1870 am soundsovielten ...« – der Kaiser geht mit seinen Begleitern durch eine der historischen Türen.

»Schauschau«, sagt der Lenggrieser, »dees is also der Kaiser, saggradisaggradi. Grad gfalln tuat er oan. Da siehgst, was a Soldat is – du, den mag ih!«

Der Schwalangschehr Braun: »Seine Buam muaßt sehgn, seine Buam! Sappralott – oana kirzengrader wia der ander.«

Der Schwalangschehrgefreite Weger: »Ih hab deessell Büldl gsehng – da marschiern s' alle nebnanand, da Kaiser mit seine Buam. Brüaderl, dees muaß ma gsehng ham. A Freud is's!«

Ja, das sind merkwürdige altbayrische Wandlungen. Am Tag der Kriegserklärung – nein, dieses München! Und im Hochland: ein paar Wochen vorher sind uns die schönen alten Sprüche über die Breissen noch so leicht von der Zung' gelaufen ... Und dann wären wir ihnen schier um den Hals gefallen: Bruader Breiss', Bruader Breiss'!

Und: »Die Breiss'n wern's schon machn. Der Moltke is aa a Breissischer – feit sih nixn. Und mir san scho da beim Dasein – geht's her, wenn's a Schneid habt's ...«

Halt – der Schwalangschehr Lenggrieser hat während dieser Reflexionen tief nachgedacht und findet jetzt sein Wörtl: »Er hat fei schon hergschaut auf uns. Und ganz gwiß hab ih's gsehng: auf d'Wand hat er scharf hingspitzt und akkurat auf mei Lanzn. Ahhh, werd er eahm denkt ham: dees is ja an Schwalangschehr Lenggrieser sei Lanzn, dee wo so woach geht!« Und schielt verliebt auf seine Lanze, die an der Mauer lehnt, und denkt an die bösen Aufklärungsritte im Forêt de Faco und an die fünften französischen Husaren, die von Landremont angeritten kamen – die Lanze »ging weich ...« Und der Schwalangschehr Lenggrieser ist heute noch der Überzeugung, daß der Kaiser diese Lanze mit Bewunderung angesehen hat.

Ist wohl möglich.

Der Kaiser ist manchen kleinen Dingen im Kriegswesen mit Liebe nachgegangen. Anno 1912 bei den Schweizer Manövern im Thurgau: der große Soldatenkaiser stand im einfachen Feldrock im Schützengraben und guckte und frug, was der Soldat neben ihm am Gewehrschloß herumzustochern habe.

»Herr Hauptma«, sagte der brave Appenzeller zu dem Manövergast, »i bi drum umkheit u du isch mer a khaiba Dräckh i Verschluß ine cho; jetz mueß i ne usechnüble.«

(Na, lieber Leser, warum denn gleich das verdrießliche Kopfschütteln, wenn ein paar schwere Dialektproben unterlaufen! Umgefallen ist der Appenzeller halt, und da ist ihm Dreck ins Gewehrschloß gekommen – den muß er »herausknobeln«, nicht wahr?)

Und wenn der Kaiser in der Schweiz in einen Schützengraben geht – warum soll er nicht auch bei unsern Soldaten im Westen nachschauen?

Der Kaiser erzählt

Hat ihm viel Freud gemacht. Die Tischgesellschaft in Gravelotte sah ihn äußerst aufgeräumt – die Dinge standen gut da draußen, und die Soldaten waren prächtige Männer.

Der Kaiser erzählte.

»Da drüben«, sagte er, »werden sogar Witze für die Weltgeschichte von 1914 geliefert. So ernst die Sache auch ist – sie hat ihre lustige Seite: es handelt sich um zwei Schützengräben, einen französischen und einen bayrischen, die sich auf sechzehn Meter gegenüberliegen. Alle Achtung – beide besetzt und diese Distanz. Schreit ein Franzose herüber, schreit ein Bayer hinüber, und schließlich ist die schönste Unterhaltung fertig. Aber auf die Länge der Zeit muß diese Unterhaltung ins Stocken kommen – die Bayern haben ihren schönen Durst bekommen, und die Franzosen ihr Dürstchen. Und da parlamentieren sie: Kameraden, wollt ihr nicht auch Wasser haben? Die Franzosen gestehen ihr Dürsten ein. Die Bayern: Gehen wir zusammen um Wasser?

Genehmigt.

Wasser ist in der nächsten Nähe, aber der erste, der sich aus dem Schützengraben erheben würde, hätte den Tod auch aus nächster Nähe zu gewärtigen. So haben die Leute ihre kleinen separaten Waffenstillstände, für die sogar ein Zeremoniell vorgeschrieben ist.

Und das geht so zu: die Bayern also dürsten (mit Vorrang) und nehmen ein Kochgeschirr und klopfen feierlich des öfteren auf den Blechboden.

»Wir ham Durst«, sagt diese Gongsprache. Die Franzosen drüben überlegen sich den Fall und antworten dann im gleichen Ton. Und der

Waffenstillstand ist geschlossen, und beide Heere schicken ihre Leute zum Wasserholen aus.

Nun ist es schon vorgekommen, daß hüben der Kochtopf lärmt und immer lebhafter lärmt – und drüben kein Echo! »Die Malefizfranzosen«, brummen die Bayern, »die ham halt keinen richtigen Durst …«

Was tuat er denn? Was sagt er denn?

Die bayrischen Schwalangschehr striegeln draußen ihre Pferde weiter und erzählen sich vom Kaiser.

Der Schwalangschehr Lenggrieser hat seine Beobachtungen erweitert. »Ganz scharf hat er hingschaut auf mei Lanzn – dees kunnt ih beschwörn. Ahhh, hat er eahm denkt, dees is ja dem Schwalangschehr Lenggrieser sei Lanzn, dee wo so woach geht. Und na hat er's so gemacht mit'n Kopf« (der Lenggrieser nickt sehr kräftig mit dem derben altbayrischen Schädel), »da kunnt ih an heiligen Eid drauf schwören!«

Eine Ordonnanz kommt aus dem historischen Tor – der Mann wird umringt.

»Was tuat er denn?«

»Was sagt er denn?«

»Hat fei scharf hingespitzt auf mei Lanzn«, sagt der Schwalangschehr Lenggrieser und zupft die Ordonnanz am Ärmel und deutet wieder einmal auf die Lanze an der Mauer.

Die Ordonnanz erzählt das Stück vom Schützengraben, und die Schwalangschehr lachen laut und oft.

»Wahr is's!« schreit der Lenggrieser. »Ih muaß's wissen. Da Zehnter Schorschl hat mir's verzählt und da Zisch Heini. Und da Gotteswinter Beppi, ham s' gsagt, der is in demselbn Graben drin gween, der hat anderst gschimpft, wann's die Französischn net dürst' hat. Dee Lumpn, hat er gsagt, dee bringet ja koan gscheitn Durst gar net zsamm, dee Bagasch. Und, hat er gsagt, ma möcht doch amal raus aa aus dem Malafizgraben, net wahr? Nachat, hat er gsagt, nachat hebn s' an Spatn in d' Höh, wann a paar raus möchtn. Dees ham s' mit die Wulewus ausgmacht. Und nachat schaugn s' umi und spechtn und spechtn, ob de andern net aa amal – net wahr? Und ob's net aa an Spatn in d' Höh tean. Denn sunst, Freunderl, sunst, balst alloa rausgeh möchst ohne die Herrn Mosjeh – da taat's fei drentn wehleidig kracha: bummbumm, bitschbatsch – bist scho hin aa, sagt da Gotteswinter Beppi.«

Der Schwalangschehrgefreite Weger wiederholt: »Bummbumm und bitschbatsch. Und adjes ohne Sargdeckl.«

Und er striegelt seinen Gaul rascher – der war auch dabei im Forêt de Faco, den die Maschinengewehre so fleißig absuchten.

Ah, da ist ja wieder ein Ansichtskartenmann: *»Douze vues des champs de batailles* – fünfßik Fennik!«

Der Schwalangschehr Lenggrieser will schon wieder mit seinem Striegel zuschlagen: »Red deutsch, du damischer Mosjeh!« Aber dann tut sich doch eine G. m. b. H. zusammen mit einem Stammkapital von einer halben Mark und schreibt Ansichtskarten heim. Die zuhaus' sollen die alten Gräber von Anno siebzig anschauen und sollen als Begleittext lesen: »Heut ham mir den Kaiser gsehn und laßt Euch schön grüßen. Er is ein kommoder Herr und grad dischkuriert hat er. Das is ein Mann, den muß man gern ham.«

***

Die bayrischen Schwalangschehr hab' ich in der Näh' gesehn zu Gravelotte. Den Kaiser von weitem. Und sein Geschichtl hab' ich auch von weitem gehört. Es ist durch den Mund einer ganzen Schwadron gegangen, bis ich's erfuhr – da mag da und dort ein Wörtl nicht mehr ganz richtig sein.

Aber unseren Soldaten hat's soviel Freude gemacht, daß ich mir's nicht verkneifen kann, die Feder dranzusetzen.

Und hat unser Kaiser Anno 12 gelächelt, wie der Appenzeller in rauher Schwyzer Art mit ihm plauderte – Anno 14 wird er dem altbayrischen Geschichtenschreiber auch nix übel nehmen.

Hurra der Kaiser!

Parole 49

Ulan, wie siehst du aus! Wenn du so nach Ansbach zurückkehrst: einen Rucksack auf dem Buckel mit Schanzzeug und Siebensachen gefüllt und links ein kurzes Seitengewehr – na, die Ansbacher Mädel werden sonderbare Augen machen. Und wo ist deine Lanze? Und dein Rößlein geht in der Gravelotter Gemarkung im Acker als Bauerngaul und muß die Frage der deutschen Volksernährung mit lösen helfen.

Der Stellungskrieg ... Den Reiter hat er vom Rößlein geschmissen, direkt und Pfeilgrad in den Schützengraben hinein.

Wie lang soll dieser Zustand dauern?!

»Parole 49!« sagt der kleine Ulan.

– Parole 49??

»Freilich. Brauchen S' nur nachrechnen. Heute is der erste März, net wahr. Und auf den 18. April sind's also noch 49 Tag hin, net wahr?«

– Und was is denn am 18. April los?

»Parole ›heimwärts‹. Da is der Krieg aus.«

– Was is ...? Hulaner, Hulaner – was brauchst du die Leut derblecken!

»Da is der Krieg aus, am 18. April. Weil's wir wiss'n und weil sie 's dem Huaber geschriebn ham von München aus. Am 18. April, ham s' geschriebn, da könna ma unsere Lanz'n wieder rostig wer'n lass'n. Und beim Siegestor werd der Einzug sei ...«

Da hört sich aber doch schon Verschiedenes auf! Ich drehe dem Mann den Rücken und pilgere weiter. Und da treff ich wieder einen von den Ansbachern: »Paß auf, Hulaner, wie steht's denn mit der Parole?!«

»Parole 49!« Und er pfiff sich ein Liedlein und schleppte seine Stalleimer weiter.

Sind denn die Leute verhext? Ich frage den nächsten: »Parole??«

»49!«

Jetzt muß ich aber der Sache auf den Grund gehen. »Warum denn grad 49? Und warum denn grad der 18. April?«

»Ja, wissen Sie dees gar net?! Also: der Huaber, der hat einen Brief kriegt von München. Und das is also eine merkwürdige Gschicht. Wisstn S': die Wahrsagerin halt, die wo dem Kaufmann die Gschicht erzählt hat!«

»Was für eine Wahrsagerin, und was für ein Kaufmann, und was für eine Gschicht???«

»Also, net wahr: so im Juli, da hat's doch so kritisch ausgschaut, net wahr? Hat ein jeder gmeint: autsch, wann's nur keinen Krieg nicht gibt! Und da geht also der Kaufmann in München zu einer Wahrsagerin und fragt sie, ob's einen Krieg gibt und wann?

Sagt die Wahrsagrin: freilich gibt's einen Krieg, und der geht am 2. August an. Da kunnt sie einen heiligen Eid drauf schwören. Da sagt der Kaufmann: gut, wenn's am 2. August wirklich einen Krieg gibt, dann zahlt er hundert Mark für die gute Auskunft. Und sauber hat sich also die Frau den Hunderter verdient. Aber wie's halt so Silvester wird und der Krieg is allweil noch net aus, da denkt sich der Kaufmann: muß ich doch wieder einmal zu meiner Wahrsagerin schaun! Gut, und geht hin, der Kaufmann, und sagt: wann wird denn nachat der Krieg amal aus? Das wern mir gleich ham, sagt die Wahrsagerin und schaut in ihre Kartn hinein: der Krieg wird am 18. April aus!

Ein bißl spät, denkt sich der Kaufmann, wird der Krieg aus – aber was kannst machen? Und paß auf, sagt er zu der Wahrsagerin, wann die Gschicht stimmt mit dem 18. April, dann kriegst von mir 300 bare Markl!

Dreihundert Markl wär kein schlechtes Geld, meint die Wahrsagerin, aber bei die heutigen Zeitn, und wo kein Mensch nix Gwisses nicht weiß und für Leben und Tod – es wär ihr halt lieber, wenn sie das schwarz auf weiß hätt mit die dreihundert Mark.

Ob er ihr vielleicht nicht gut wär für die dreihundert Markl? Und ob sie ihn vielleicht für einen schlechten Kerl anschauen tät???

Das nicht, und sie tät ihm alles aufs Wort glauben. Aber in die Karten steht auch drin, daß sie am 2. Januar sterben muß – und drum müßt's halt schriftlich sein, die Sach. – Gut, machen die zwei die Sach schriftlich. Und was glauben S' jetzt, daß jetzt passiert is?« Der Ulan sieht mich ernst, arg ernst an.

»Is sie wohl gestorben, die Frau?«

»Freilich!« triumphiert der Ulan, »freilich is sie gstorben! Am 2. Januar is sie sauber gstorben!«

Kunstpause. Ich seh's dem Mann an: er will den Eindruck seiner Worte auf mich wirken lassen. Aber ich vermag mich zu beherrschen und frage nur ganz nebenbei: »Und dann?«

Entrüstung. »Da fragn Sie noch? Da können Sie noch fragn!? Wo doch der 2. Januar eintroffen is und hat sich hinglegt und is gstorbn!

Da muß doch der 18. April auch eintreffen! Und der 2. August, net wahr, der is doch erst recht eintroffen? Oder net???«

»Paß auf, Hulaner! Wie heißt der Kaufmann in München, und wo wohnt er?«

»Ja, dees weiß ih net. Der Huaber, der hätt's g'wißt.«
»Und wo ist der Huaber zu find'n?«
»Ja, dees weiß ih net ...«

***

Schade, schade.

Einmal in dem Krieg hatte ich ja schon Gelegenheit, einen Propheten zu sprechen. Den Unteroffizier X. von der 2. Trainkolonne des III. bayrischen Korps. Er hatte den Tag des Friedensschlusses auf den 4. November des abgelaufenen Jahres festgelegt. Auch der in prophetischen Angelegenheiten unerfahrene Mensch sieht, daß es sich hier um einen Irrtum handelte. Ein teurer Spaß – der Mann hatte seinen Kopf für die Behauptung verpfändet. Und so schaufelten naturgemäß einige Soldaten in der Nacht vom 4. bis 5. November ein Grab aus – es ist auf dem Wege von Metz nach St. Julien heute noch zu sehen. Heute noch offen – denn der Unteroffizier weigerte sich, den Raum zu beziehen.

Er zürnte sehr und rechnete nach: »Ja, da muaß ih mih täuscht ham. Dees werd ein Rechnungsfehler gwesen sein!«

»Wieso ein Rechnungsfehler? Solche Dinge lassen sich doch nicht mit Ziffern ausrechnen!«

»Oha! Ja, warum denn net?! Da zählt man die Staaten zsamm und wieviel daß sie Soldaten ham und Gwehr und Kanonen und Festungen und Forts und wieviel, daß sie im Tag Munition machen und wieviel daß sie brauchen. Und die einen falln und die andern sind verwundet – net wahr – und die andern wern krank – net wahr – und ...«

»Na, und?«

»Und dann kann man sich's doch leicht ausrechnen! Was wär denn net dees!«

»Daß am 4. November ...?«

»Ja, mein liaber Herr, a bißl kann sich doch a jeder verrechnen, net wahr?«

Recht hat er. Vielleicht haben sich auch die Ansbacher Ulanen »a bißl« verrechnet. Aber vorläufig stellen sie ihre »Parole« noch felsenfest auf den 18. April ein ...

Eine Nachschrift

Hatte mir so gut gefallen, das Geschichtlein von der Parole der Ansbacher Ulanen, daß ich's dem Berliner Tageblatt sandte.

Und sieh: da kam einer und steckte die Feder in die Dementiertinte:

»Glauben Sie, die hübsche Geschichte mit der »Parole 49« stammt aus dem Schützengraben? Weit gefehlt! Aus Berlin stammt sie, wie alles Gute … (Na, na! Wir wollen doch nicht so unbescheiden sein! fügte die Redaktion dem kühnen Satze bei.)

Es ist vielleicht vier Wochen her, da sagte mein Friseur zu mir, während er mir das Kinn einseifte:

»Haben Herr Doktor zugehört, was der Herr Major eben erzählte? Am 28. April ist Friedensschluß!«

»Nanu!« erwiderte ich, einigermaßen verwundert über dies genaue Datum. »Wieso gerade am 28. April?«

»Ja, also der Herr Major hat eben erzählt: Er hat 'nen Schwager« – (es kann auch ein Vetter gewesen sein) – »der hat im September eine große Reise ins Ausland antreten wollen. Und da ist er zufällig zu einer Wahrsagerin gekommen, und die hat ihm gesagt: »Die Reise werden Sie nicht machen können.« »Ja, warum denn nicht?« hat er gefragt. »Weil wir im September Krieg haben«, hat sie geantwortet. Darauf hat er sie ausgelacht und ist weggegangen. Und wie es nun Anfang August wirklich Krieg gegeben hat, da ist er denn nun doch stutzig geworden und ist wieder hingegangen und hat gesagt: »Na, hören Sie, mit dem Krieg haben Sie ja merkwürdig recht behalten. Nun können Sie mir mal sagen, wie lange der Krieg dauern wird, damit ich weiß, wann ich meine Reise antreten kann.« Darauf hat die Wahrsagerin in die Karten gesehen und hat gesagt: »Am 28. April werden wir Frieden haben.« »Na, hat er gesagt, das glaub' ich nie und nimmer, so lange kann ja kein Staat den Krieg aushalten. Wenn das eintrifft, dann schenke ich Ihnen fünfhundert Mark Honorar nachträglich.« Darauf hat sie sehr ernst gesagt: »Eintreffen wird es schon, aber das Geld werden Sie mir nicht schenken.« »Und warum nicht?« »Weil Sie am 15. Januar nächsten Jahres fallen werden.« – Und was soll ich Ihnen sagen, Herr Doktor, der Mann wird als Landsturmmann eingezogen, und am 15. Januar genau ist er gefallen – sagt der Herr Major.«

Sie sehen also, verehrliche Redaktion, es ist genau dieselbe Geschichte wie die von Georg Queri aus Lothringen mitgeteilte; nur die

Zahlenangaben sind verschieden: 28. statt 18. April, 15. statt 2. Januar und 500 statt 300 Mark. Stimmen wird wohl beides nicht, aber etwas kommt dabei heraus: ein interessanter Beitrag zu dem von Paul Ernst neulich ausgiebig erörterten Gegenstand der Legendenbildung und Legendenwanderung im Kriege.«

Den Kopf gekratzt

Ich las meine Abfuhr im Café Etzel zu Metz und sah errötend auf: an einem Tisch saßen Ansbacher Ulanen, an einem andern Bayreuther Chevauxlegers. Ich ging zu den Ansbachern und legte ihnen den Streitfall vor.

»Ausgeschlossen!« sagten sie. »Allweil die Berliner. Neinnein, dieser Blödsinn stammt aus München. Und die Gläubigkeit ist nicht mehr auszurotten. Wir stellen fest: in der Kaserne zu Chatel St. Germain (so ungefähr bei St. Privat) ist es die erste Morgenarbeit der Kasinoordonnanz, die Parole anzuschreiben, die Parole bis zum 18. April.«

»Und die Münchner Prophezeiung is und bleibt eine Münchner Prophezeiung, so wahr als sie nicht in Erfüllung geht.«

Is aber net wahr,

sagte mir hinwiederum ein Rittmeister, dem ich die Parole der Ansbacher Ulanen und den Bericht des Berliner Friseurs vorlegte.

»Sondern wahr is, daß: ein Major von die Pionier (ich weiß aber nicht, von den Sechzehnern oder von was für Pionieren) im Juli in seinen Bädeker geschaut hat und daß dann sein Bursch die Koffer hat packen müssen.

»Was packst denn du die Koffer?« hat die Köchin von dem Major geschimpft. »Es kommt ja ein Krieg!!!!«

Der Major hört die Köchin schimpfen und fragt, was los is und glaubt's schließlich nicht.

»Wenn ich's aber aus die Karten glesen hab??« sagt die Köchin.

»Das is wurscht!« sagt der Major. (Aber seine Koffer laßt er doch wieder auspacken.)

Und der Krieg kommt.

Da hat aber der Major gschaut! Und jetzt hat er die Köchin gfragt: »Wann wird er dann wieder gar, der Krieg? Schaug einmal hinein in deine Karten!«

Gut, die Köchin schaut in ihre Karten hinein: am 20. April wird der Krieg gar. Am 20. April Anno Fünfzehn.«

Wenn's wirklich so is, sagt der Major, dann will er einen Hunderter springen lassen!

»Halt a bißl!« sagt die Köchin, »das mit dem Hunderter möcht ich aber schon schwarz auf weiß ham.«

Der Major schimpft – das kann er gut. Ob sie ihn für weißgottwen hält???

»Das nicht«, meint die Köchin; »aber der Herr Major überlebt halt den Krieg nicht. Im September …«

Undsoweiter, undsoweiter.

Und im September soll der Major gefallen sein.

Und weil im August der Krieg … Und weil im September der Major …

Man sieht: die Katz' springt immer auf die alten Füß'.

Und dies bayrische Geschichtl wird auch wieder aus Berlin stammen, – – kann man halt nix machen.

Eine österreichische Prognose aber,

die ich von Oberleutnant D. von der k. u. k. Mörserdivision Nr. II habe, lautet so:

Anno 71 der Frieden: am 10. Mai.

Man braucht nur zu addieren:

$$\begin{array}{r} 1870 \\ \underline{1871} \\ 3741 \end{array}$$

3 + 7 aber ist 10.

Und 4 + 1 ist 5.

Also am 10. V. 71.

Und jetzt:

1914
1915
3829
3 + 8 aber ist 11.
Und 2 + 9 ist auch 11.
Also am 11. XI. 15 der Friede.

Wenn nur das österreichische Gschichtl nicht auch wieder aus Berlin stammt – – ich häng mich auf. (Mit einem scharfgeschliffenen Revolver! pflegt mein Freund Alisi immer beizufügen.)

Nach der Schlacht

Im August: die Schlacht auf der Höhe bei Marsal – in der Nähe von Mörchingen also – war geschlagen. Der Weg zu den blutgenetzten Feldern führte an Verwundetenkolonnen vorbei; der Tag war drückend heiß, und die Feldflaschen, die wir den Kameraden reichten, leerten sich rasch. Wir faßten Wasser; denn auf den Höhen wußten wir manchen Lechzenden: da führten Mecklenburger Soldaten in schwerer Lothringer Erde den Spaten und senkten Freund und Feind hinab. Sie tranken gierig; manch einer freilich mußte den Becher zurückweisen, nach dem er sich sehnte: »Ich habe Leichen angegriffen ...« Die Mehrzahl der Leute, die das harte und doch würdige Amt erfüllten, trug Gummihandschuhe oder hatte wollene Socken über Hand und Vorderarm gezogen; denn es oblag ihnen, die Toten auf Kennzeichen und Papiere zu untersuchen, um ihre Identität feststellen und den Angehörigen ihr Schicksal melden zu können.

Neben einer Grube 36 Tote, deren rote Hosen übers Feld leuchten ... Fern aus hohem Korn taucht wiederum da und dort der rote Fleck auf, und die Wege, die zu diesen Gefallenen führen, sind besät mit Ausrüstungsstücken französischer Infanteristen, die hier in zügelloser Flucht den Hügel hinab eilten, um den deutschen Waffen zu entrinnen. Weggeschleuderte Tornister, Gewehre und Röcke, Feldflaschen, Patronentaschen und das Allerlei, das aus zerschossenen *»sacs«* kollert, bedarf nicht mehr einer um ihr Leben laufenden Gruppe von Menschen, um uns ein kriegerisches Bild zu vervollständigen, dessen Legende nur die eine sein kann: *sauve qui peut ...*

Wir steigen die Höhe hinan zur Chaussee. Und nie werden wir diese Chaussee aus der Erinnerung verlieren und nie ihren überhöhten Rand und die Kriegsstaffage dahinter: da lagen sie noch in der Stellung, in der sie zielten und schossen – an hundert Mann. An hundert Franzosen, die hier wie Schläfer hingebreitet sind. Da sie im Anschlag lagen, überraschte sie unsere Infanterie, und über die Schützengräben der Infanterie hinweg zischten die deutschen Granaten heran.

Wir schreiten die Parade des Todes ab: inmitten seiner Leute liegt ein blutjunger eleganter Leutnant. Am Ringfinger seiner Rechten – ein funkelnd neuer Ehering. Im Lande überstürzter Hoffnungen, im Land der romanischen Selbstüberschätzung eine Witwe mehr.

Da – vor der Reihe einer, den der tödliche Schuß noch einmal emporriß und ihn im Todeskampfe auf die Chaussee warf, dem Feind entgegen. Diesem Feind – den 22er Bayern, die wie gereiztes Wild vordrangen und Kolben und Messer schwangen, jede Gefahr mißachtend, in glühenden Augen nur den Durst nach Sieg tragend.

Ein Leiterwagen fährt an: sechs unserer Feldgrauen trägt er von der Walstatt. Mit ihnen einen Kavalleristen, an dessen Sporen Erde klebt, die er im letzten Kampf aufriß. Die sieben werden im nächsten Friedhof ihr gemeinsames Grab finden.

Unterhalb der Chaussee schaufeln zwanzig alte Bauern ein Massengrab für französische Gefallene aus; sie arbeiten schwer in der harten Erde, aber die Zungen gehen leicht und lustig, und Scherze im Patois versagen nicht angesichts des furchtbaren Geschehenen und angesichts der Majestät des Todes. Wir warnen: *»C'est une triste besogne c'que vous faites, messieurs!«* Und sie lernen zu schweigen.

François Gravière, le p'tit Piou-Piou

Der geleerte Tornister eines französischen Quartiermachers interessiert uns. Der Tote daneben scheint in einem irren letzten Kampf all seine Pflichten und Pflichtzeichen vor sich hingeschüttet zu haben – dieweil er vielleicht in seinem Tornister nach Verbandstoff suchte oder nach Labung. Da sind schwarze Holzschilder, die er seinem Amt gemäß zu schleppen hatte und die uns die Vorgesetzten seiner Kompagnie mit weißen Lettern verzeichnen: zunächst den Capitaine Lillemand vom 160. Inf.- Reg., 9. Komp., 9. Escouade. Dann Täfelchen für einige andere Chargen und schließlich auch eins für das Pferd des Kapitäns. Der brave Mustersoldat, der diese Holzschilder neben anderen schweren Lasten zu schleppen hatte, vergaß auch nicht, ein regelrechtes *»fagot de bois«* sich aufzubürden, das bekannte Feuerholzbündel, das zu Paradezeiten blendend weiß geschälte Holzstäbchen zeigt, im Krieg aber aus dem nächst besten Reisighaufen requiriert wird.

Und neben Tornister, Täfelchen, Holzbündel, Käppi und neben Kaffeetabletten, Reis, Zucker, Brot und Konserven und neben Wäschestükken, Nähzeug und anderen Siebensachen liegen Briefe – an einen Toten. Und unter den Briefen das *»livret militaire«,* das »Soldatenbuch« des Toten, das uns den Infanteristen François Gravière vorstellt.

Le p'tit piou-piou …

Von seinem jungen Soldatenleben soll hier aus seinem Büchelchen, aus seinen Briefen und aus dem Schema der politischen Durchschnittserziehung der Franzosen ein Bild festgestellt werden.

Ein Franzosenbub wächst auf zum Chauvinisten

François Gravière, Altersklasse 1912, geboren den 27. Oktober 1892 – so hatte er etwa die Hälfte seiner dreijährigen Dienstzeit hinter sich. Er war im Herzen der Republik geboren, in Arfeuilles, Departement l'Allier, auf den Höhen der Montagnes de la Madelaine. In der Nähe seiner Heimat gießt Schneider die Kanonen der Republik, Schneider, der Krupp von le Creusot.

François Gravière – Matrikelnummer 7666 der französischen Infanterie; einer unter vielen; ein Unbekannter; ein kleiner, einfacher Soldat. Aber es reizt uns, das Leben eines unberühmten Durchschnittssoldaten kennen zu lernen, eines Dorfjungen.

Seine Eltern verlassen das Höhenland und ziehen der *»ville lumière«* zu. Nach Paris! Im Burgfrieden der Stadt, an den Wällen des Forts Chatillon, wird der Junge groß und lernt sein Handwerk – irgendeins.

Und lernt in der Schule menschliche Durchschnittsweisheit und vaterländische Ideen kennen. Und damit setzt seine Erziehung zum *»chauvin«* ein, und damit beginnt er französisch zu denken, den ersten Nationalstolz einzuatmen und für den Revanchegedanken empfänglich zu werden.

François Gravière – als du dich in die Geheimnisse der Erdkunde einzuweihen hattest, legte man dir den berühmten französischen Schulatlas vor, der um deine Schulzeit herum etwa die 200. Auflage hatte und heute mit einer viel höheren glänzt. Aber damals wie heute war auf der großen vaterländischen Tafel der *»Republique Française«* unser Elsaß-Lothringen mitverzeichnet, und auch in deinem Atlas lasest du die berühmte Frage: »Was haben wir mit Elsaß-Lothringen verloren?« – »Ein treues anhängliches Land; aber die Elsaß- Lothringer lieben uns immer noch von ganzem Herzen; sie protestieren immer noch gegen die rohe Gewalt, die ihr Recht niederrang – die sie aber nicht niederzuringen vermochte … *(contre la force qui prime leur droit, mais n'a pu les supprimer).* »Viele von ihren Kindern kommen nach Frankreich, um nicht deutsche Soldaten werden zu müssen … Sie sind von den Eroberern einer Behandlung unterworfen, die ihre Freiheit völlig aufgehoben hat … Das Unglück und die Treue dieser Elsaß-Lothringer verpflichten uns, sie zu lieben wie wirkliche Brüder, ja mehr als alle andern Franzosen … Und wenn also Elsaß-Lothringen wieder französisch werden wird – diese Wiederkehr der beiden Provinzen zum Vaterlande wird mit Jubel gefeiert werden … Denn wenn man auch das Land an sich riß – die Herzen gehören immer uns …«

Und dann, François Gravière, legte dir dein Schulatlas die gedruckten Fragen vor: »Wie viele Einwohner würde Frankreich haben, wenn auch Elsaß-Lothringen dazu gehörte? Wie viele Festungen mußten gebaut werden, um Metz und Straßburg zu ersetzen? Welches sind die Gesinnungen der Elsaß-Lothringer gegen Frankreich? Und welche gegen Deutschland? Was für Gefühle müssen wir gegen Elsaß-Lothringen haben?«

So, François Gravière, bist du zum Chauvinisten erzogen worden. Und so lerntest du, die Revancheidee anzuerkennen und Dinge nachzuplappern, die kindisch sind und doch Blut Heraufbeschworen haben.

Auch dein Blut, François.

Der kleine Soldat

Und eines Tages trug der Bezirksfeldwebel deinen Namen in die Stammrolle ein und schildert dich in deinem Militärbüchelchen: kastanienbraune (*châtaine*) Haare, Augen graubraun mit einer Nuance von wiederum kastanienbraun (*gris marrons*) – ein brünetter Typ also. Freie Stirne, rundes Gesicht, Nase von mittlerer Höhe. Größe 1 Meter 33 Zentimeter – der arme kleine, hübsche Bursche, der auf der Höhe von Marsal lag, ist richtig beschrieben.

Und du wurdest also der richtige kleine Piou-Piou, wie das Wortspiel den französischen Soldaten nennt: der kleine Bauer im Schachspiel – der kleine Fußsoldat im Felde. Es muß dir schwer gefallen sein, die rund 85 Pfund Ausrüstung zu tragen, mit denen man dich manchmal unnütz beschwerte. Was soll dir der ausgehöhlte Gewehrkolben frommen? Dafür belastet dich dein General mit einem überflüssigen Holzbündel, das er am Saum der Sahara schätzen lernte und das er nach Schema F auch in die Wälder des Nordens schleppen ließ.

Man lachte über manche scheinbar schematische Dinge im deutschen Heeresbetrieb und lernt im französischen ihrer noch mehr kennen; so hat unser kleiner Piou-Piou einen dunkelblauen Waffenrock (wenn man unter der *Capote* nicht eher einen Überrock mit Kapuze verstehen will), den sein Militärbüchelchen genau schildert: Rückenlänge 108 cm Typ F, Weite unter den Armen 89 cm, 4. Unterabteilung. Die ›*Tunique*‹, die man altbayrisch Janker nennt, hat die Länge 44 cm, Typ C, Weite unter den Armen 89 cm, 7. Unterabteilung kurzum, der Bataillonsschreiber hat erklecklich viel in so ein Militärbüchl zu kritzeln, und der Kammerunteroffizier muß einen Kopf haben »wie ein Wasserschaff«, wenn er nach Maßen, Typen und Unterabteilungen einen Rekruten uniformieren will.

Die Militärschule

Die Kompagnieschule setzte in ihrer Art den Unterricht des kleinen Piou-Piou fort.

»Was ist das Vaterland? – Das Land, in dem wir geboren sind, unsere gesamten wirtschaftlichen Einrichtungen, unser Besitz, unsere Dörfer und Städte, unsere Familie, unser französisches Reich. Unsere Sprache auch – die schönste und wohllautendste von allen. Sie ist ein Abbild unseres Nationalcharakters, wie er der größeren Masse der Franzosen eigen ist. Er zeichnet sich aus durch abgeklärte Ideen, gesunden Menschenverstand, Freude am Fortschritt, Biederkeit, durch Adel des Empfindens, durch Geselligkeit und durch Gemeinsinn, durch unsere Liebe zu einer vernünftigen Freiheit in den Schranken der Ordnung. Und so ist Frankreich heute das Land, in dem sich's am besten wohnen läßt – viele Ausländer sehen in Frankreich ihr zweites Vaterland.«

François Gravière – da hast du eine lange maulvolle Phrase erlernt. Solche Selbstschätzungen führen zu Selbstüberhebungen. Aber dein Generalissimus dämpft deine Gefühle wieder und läßt dich in der Militärschule einiges über den Sold hören:

»Der Sold beträgt 5 Centimes auf den Tag für den gewöhnlichen Soldaten, 22 für den Korporal ...«

Und weiter spricht die Schule zu dem kleinen Piou-Piou: »Der Krieg von 1870/71, den Bismarck lebhaft ersehnt hatte, um ein kaiserliches Deutschland zu begründen, unter preußischer Oberherrschaft, wie es als schwacher Versuch schon bestand«, hatte das Ergebnis: »zwei Provinzen verloren, die heute noch, nach 44 Jahren, sich nicht darüber hinwegtrösten können, keine Franzosen mehr zu sein; ein erschöpftes, verblutetes *(seignée à blanc)* Frankreich, auf lange Zeit hin mißachtet unter den Nationen ...«

»Es hatte uns nicht an Tapferkeit gefehlt – aber die militärische Organisation taugte nichts. Angesichts dieser Tatsache wird es wohl keinen Franzosen geben, der nicht mit Freuden der dreijährigen Dienstzeit sich unterziehen wird ... »

»Vergessen wir auch nicht unsere unglücklichen Brüder in Elsaß-Lothringen, die immer ihre Blicke nach uns wenden. Wir konnten sie nicht verteidigen, wir konnten sie uns nicht erhalten; aber bewahren wir gleich ihnen in unseren Herzen das starke Vertrauen an eine glorreiche Zukunft unseres Vaterlandes.«

»Denn die Zukunft gehört denen, die nicht vergessen ... »

Mit diesen Worten, François Gravière, die dir ein militärisches *Questionnaire*, ein Frag- und Antwortbüchl, neben den Erläuterungen in der Militärschule gedruckt zum Einlernen empfahl, bildete sich in dir der Chauvin weiter, der dich nach einem Krieg mit Deutschland dürsten ließ.

Dieses Questionnaire machte dich auch nebenbei auf die Gefahren des Alkohols aufmerksam: »Der Alkohol ist ein Gift für den menschlichen Körper, ein Fluch für die Familie, eine Gefahr für die Gesundheit, das Verderben fürs ganze Land ... Frankreich konsumiert gegenwärtig auf den Kopf 14 Liter Alkohol – so ist es das Land in Europa, in dem am meisten Gift konsumiert wird. Und so ist es an der Zeit, diese Landplage auszurotten, die Frankreich entnervt und ruiniert ...«

Aber aus Hunderten von französischen Feldflaschen in dem Beutehaufen roch Fusel …

Frauenbriefe an einen Toten

Briefe an den kleinen Piou-Piou – geschrieben von seiner Braut Carmen aus Paris und von seinem Freund Gustave …

Und Carmen schreibt am denkwürdigen 31. Juli: »Dein Brief hat mich nicht überrascht; ich weiß, wie schwer die Stunde ist – – wir bewahren immer noch die beste Hoffnung, daß Guillaume (Wilhelm II.) angesichts unserer Heeresmacht zögern wird, das furchtbare Wort zu sprechen . .

10. August: »… mit Ungeduld greifen wir zu den Blättern. Es ist ein Unglück, daß sie nicht immer die Wahrheit sagen …

15. August: »… Du bist nicht der einzige, der uns von der Furcht des Feindes erzählt. Sie geben jeden Tag Proben von ihrem Mangel an Tapferkeit. Um so besser für uns – wir werden es desto leichter haben und möglichst rasch Schluß machen; die ganze Welt wünscht es so …«

16. August: »… man hat mir gesagt, daß Du das Fort verlassen willst, um in die Front zu gehen – ist es wahr? Ich bitte Dich, verbirg mir nichts, ich will immer wissen, was Du tust, und sollt' ich auch darunter leiden müssen. Du hast mir gesagt, Du wirst Deine Pflicht erfüllen bis ans Ende; Du brauchst mich dessen nicht aufs neue zu versichern – Frankreich ist in Gefahr, da muß ein jeder seine Liebe zum Vaterland beweisen. Paris ist ruhig; die Hälfte der großen Geschäfte ist geschlossen, einige Trambahnlinien verkehren noch. – – Du Heißgeliebter, ich bin um Monate gealtert – was für ein Fest wird deine Rückkunft sein! Beantworte mir die folgenden Fragen: Bist Du noch immer im Fort? Bist Du großer Gefahr ausgesetzt? Hast Du schon Deutsche gesehen? Hast Du große Anstrengungen durchzumachen? Leidest Du unter der Hitze? Glaubst Du, daß dieser Krieg noch lange dauern wird? Hast Du noch Zeit, in Deinen seltenen Ruhepausen an die zu denken, die Dich liebt? Gräm' Dich nicht um uns, Du hast zu viel für Dein Vaterland zu sorgen – ich küsse Dich, ich liebe Dich von ganzem Herzen …«

17. August: »Du weißt nicht, wie glücklich mich gestern Dein Brief gemacht hat. Du hast mich wieder beruhigt … Ich bin ganz Deiner Meinung: wir müssen den Krieg haben, um dann endlich wieder in

Ruhe und Frieden leben zu können. Ich bin erstaunt, daß unsere Soldaten so kaltblütig ausziehen, fröhlichen Herzens beinah und doch Eltern und Freunde in schwermütigem Gedenken wissend …«

18. August: »… heut nichts von Dir. Wenn Du mir doch schriebest! Du weißt nicht, mit welcher Angst ich Deiner Briefe harre … Welch schreckliche Sache, dieser Krieg! Und gleichwohl marschieren sie alle aus mit Singen und Lachen! Es ist hier eine fürchterliche Hitze – die armen Soldaten im Feld, gequält mit gewaltigen Märschen. Schreib mir, schreib mir! Was ist los an der Grenze – wir erfahren nichts! Wenn ich ein Vöglein wär' – ich würde an Deiner Festung singen! Ach, alle Franzosen sind gewiß, den nahen Sieg vor sich zu haben; alle Umstände deuten auf unseren Vorteil, und wir müssen den armen Belgiern unendlichen Dank wissen, daß sie sich lieber massakrieren lassen, als den Deutschen den Weg nach Frankreich freigeben. Auf Wiedersehen, Liebster! Nimm tausend Küsse von Deiner zukünftigen kleinen Frau …«

Arme kleine Carmen!

Stilübungen des Herrn Gustave David zu Havre

Briefe vom Freunde, einem anscheinend jugendlichen Herrn Gustave David, der zu le Havre wohnt, aber in seiner prahlerischen vollmäuligen Art fast zum gascognischen Stamm zu rechnen ist.

Er schreibt am 28. Juli: »… Am Samstag die Flucht nach Paris – kommst Du auch? Dann zeige Dich mit sechs Wundlöchern in Deinen Stiefelschäften, drei Schüssen im Saum Deines Mantels, acht Bajonettstichen im Käppi – glühend vor Begeisterung, die Auszeichnung im Knopfloch und dazu die Beförderung …«

7. August: »… wenn auch in diesem Augenblick die Stunde schwer ist – wir setzen doch alle Hoffnungen auf Frankreich. Die Herzen hoch! Nieder mit Deutschland! Es lebe Frankreich, das uns schützt …«

17. August: » … es hat uns ein wahres Vergnügen gemacht, in den Zeitungen zu lesen, daß Ihr nun auch die dreckigen Preußen *(sales Prusscos)* gerochen habt. Hast Du den Luftzug am Schild Deines Käppis gespürt? Hoffen wir, daß sie ein paar Pillen schlucken werden und dann auf ewige Zeiten den Geschmack an unserem Champagner verlieren. Sie haben den Pfropfen von der Flasche springen

lassen, aber der Knall wird ihnen teuer zu stehen kommen. Leider Gottes – wir werden auch unsere Opfer bringen müssen, viel mehr aber die anderen! Und wenn man, wie Du, ohne Furcht drauf los marschiert, *eh bien*, dann kommt man auch wieder gut zurück. Also, Vertrauen! Gewiß, es werden vielleicht etliche Härchen auf Deinen Waden fehlen – aber wenn Du nur sieggekrönt zurückkehrst. Die Nachrichten sind hier geradeso wie in Paris: man erfährt nichts von unserem Aufmarsch – das erregt und beruhigt trotzdem. Zahlreiche Engländer stoßen zu Euch in vorzüglicher Ausrüstung und voll Mut. Also: Mut, Vertrauen, und auf baldiges Wiedersehen! Wenn's nur möglich wär', daß Paul und ich bei Dir sein könnten – wir hätten so gern Deinem Riesenkater die Krallen beschnitten und sie mit Dreck und Speck den preußischen Barbaren vor die Füße geschmissen! (… *on se serait chargé de couper les quinze pattes de ton caffard et d'en envoyer les décompositions en travers des jambes de ces barbares de Prussiens.)* Clementine, Simonne und ich haben der Muttergottes eine Kerze gestiftet, damit Du glücklich wieder zurückkehrst. … wenn Du mir nicht an le Havre denkst, vor und nach der Schlacht, dann sollst Du mir daran denken. An diesem Ort sind die Preußen ausgehalten worden und haben 1871 nicht einrücken können. Gott, was die Menschen in die Kirchen strömen! Diese Angst allenthalben – unglaublich. Guillaume hat sein Volk Gott empfohlen – aber weil er der Teufel selber ist, so wird man ihm schon hübsch dreckig auf den Schwanz treten, und ich glaube, er wird etwas beschädigt werden. *(Guillaume a recommandé son peuple à Dieu, mais comme lui c'est un diable, on va salement lui tirer sur la queue, et je crois qu'il va être endommagé.)* Wenn Du so ein altes Restchen von einem Preußen haben kannst, da bitt' ich mir ein Stückchen davon aus als Souvenir, und wenn es nur ein Rockknopf ist …«

***

Auf den Höhen von Marsal aber fiel der kleine Piou-Piou François Gravière mit vielen Kameraden, die ein künstlich genährter Wahn gegen Deutschland gesandt hatte.

Schnelle Sprachhilfe für den deutschen Soldaten

Zwei Sprachbüchl aus zwei Tornistern. »Die schnelle Sprachhilfe für den deutschen Soldaten« hat mich zwei Nickel gekostet, und das *»Allemand usuel«* hat mir der Generalissimus Joffre auf Umwegen schenken müssen.

Beide Büchl – Quellen reiner Freuden. Wir lasen sie bei einer österreichischen Mörserbatterie mit verteilten Rollen und fanden uns dabei zu Frag- und Antwortspielen zusammen, die nur unter stocktauben Menschen üblich sind.

Denn also plauderte die »Schnelle Sprachhilfe« mit dem *»Allemand usuel«:*

Bong schur! (Genau so ist's geschrieben.)

Ich tsihé bir faure! antwortet der Usuelle: ich ziehe Bier vor. (Herrlich ist das geschrieben.)

Kongbiäng dö kilomähtr schüskoh muläng? Wieviel Kilometer bis zur Mühle?

Zi sinnde aïne baouernefinguere – Sie sind ein Bauernfänger.

Läh sabitang ssongtil ostihl – sind die Einwohner feindlich? beeilt sich die schnelle Sprachhilfe zu erwidern.

Und der Usuelle: *zinnte zi di wachefraou* – sind Sie die Waschfrau?

Mongteh aweck moa ssür lö toa – steigen Sie mit mir auf das Dach. (Muß als grob empfunden werden.)

Habene zi ime tsou fresséne ounnde tsou trinkéne guéguébéne – haben Sie ihm zu fressen und zu trinken gegeben. (Hoffentlich meint der Usuelle ein Pferd.)

Schö wuh bangdereh läh siöh – ich werde Ihnen die Augen verbinden!

Naïne, bessténe danque, esse wirde dize nachhte friréne – nein, besten Dank; es wird diese Nacht frieren.

Biäng, angweloppälö moa – gut wickeln Sie es mir ein, erwidert die schnelle Sprachhilfe mit Recht.

Dasse iste mir ounnemeuchliche, ich binne annederwertse aineguéladene – das ist unmöglich, behauptet der Usuelle, ich bin anderwärts eingeladen.

Mäh wuh säht röspongsabl personellemang – aber Sie sind persönlich verantwortlich!

Wenne ich wanntséne fénnde, wurde ich zoforrte aousstsihénne – trotz der Henne am Schluß soll das gesprochen werden: wenn ich

Wanzen fände, würde ich sofort ausziehen. (Denn auch im Schützengraben gibt es Reinlichkeitsfanatiker.)

Nö kränieh riäng, nuh ssom träh pähsihbl – fürchten Sie nichts, wir sind sehr friedlich. (Also keine Wanzen.)

Fugueée zi ainiguè flèchechéne cognac bai – fügen Sie einige Fläschchen Kognak bei. (Der Usuelle spricht zum zweitenmale vom Trinken.)

Äht wuh sön espiong – sind Sie ein Spion?

Naïne, maïne Herre, esse iste mir zere warme – nein, mein Herr, es ist mir sehr warm.

Nö mangteh pah, lö willasch ssangbl träh sähseh – lügen Sie nicht, dieses Dorf scheint sehr wohlhabend zu sein!

Ya, dasse guetraide ist chonne gantse guélbe – ja, das Getreide ist schon ganz gelb.

A la pangtekoht – auf Pfingsten! (Oder auf Kirchweih?)

Ich aouchh nichte. Spréckenné zi languesamére – ich auch nicht, sprechen Sie langsamer. (Aha!)

Lö koscheh kih nuh sehgarrera sera füsileh – der Kutscher, der falsch fährt, wird erschossen!

Bitte, caïné oursachhé – bitte, keine Ursache!

Personn nö doa ssortihr dü willahsch – niemand darf das Dorf verlassen!

Dasse spatsiréneguéhéne ist dorrte sere anneguéneme – das Spazierengehen ist dort sehr angenehm. (Hm.)

Wi guéte esse irére fraou – wie geht es Ihrer Frau?

Wui, lö weterinähr – ja, der Tierarzt. (Also doch leidend.)

Ich danque inéne besstennse für ire libennsewurdichcaïte – ich danke Ihnen bestens für Ihre Liebenswürdigkeit …

Ehkarteh wuh uh schö tire – entfernen Sie sich oder ich schieße!

Dizé aousszichte iste prachtfolle – diese Aussicht ist prachtvoll. (Geschmacksache.)

Köh kutt la liwr – was kostet das Pfund? (Aussicht oder Aufschnitt?)

Essène zi guérné fiche – essen Sie gerne Fisch?

Il äh dehfangdüh ssuh pähn dö mohr – es ist bei Todesstrafe verboten. (Deutsche Barbarei.)

Ich binne hire laidére frémmde – ich bin hier leider fremd.

Allümeh lö ongsiäm beck dö gahs – zünden Sie die elfte Gasflamme an! (Steht wahrhaftigen Gotts in dem schönen Büchl.)

Personnéne odére chnelltsouchh – Personen- oder Schnellzug? (Der

Usuelle will offenbar wissen, ob das Anzünden eilig ist.)

Mong paltoh äh deschireh – mein Rock ist zerrissen.

Beténe zi für ine – beten Sie für ihn! (Nicht übel, das Flickbeten.)

Wideh woh posch – leeren Sie Ihre Taschen!

Esse iste nichht nachh dére no esténe mode – es ist nicht nach der neuesten Mode. (Doch: 1914!)

Hoh läh mäng – die Hände hoch!

Bitte, spuléne zi zichh déne mounete aousse – bitte, spülen Sie sich den Mund aus!

Lö ssohssisong netäh pah fräh – die Wurst ist nicht frisch gewesen! (Ah, darum.)

Heurene zi aouf, guénouchh – hören Sie auf! Genug! (Da hat er recht – hören wir auf.)

Versbüchl

Landsturm

Der Landsturm ist zusammenkommen,
Da kennt kein Mensch den andern nicht,
Bin ichs von Bayern,
Bist dus von Preußen,
Herr Kamerad, das macht ja nichts.
Bist dus mein Bruder,
Bin ichs dein Bruder,
Jetzt ist es gleich, was du sonst bist.
Du bist ein Feiner in deinem Gwande,
Dein Vater ist ein Edelmann;
Mein Vater ist aus niederm Stande,
Der wo das Feld bebauen kann.
Bist dus ein Feiner,
Bin ichs ein Kleiner,
Das kennt morgn früh kein Mensch nicht mehr,
Morgn seins die Reichen
Wohl meinesgleichen,
Gibt der Kommiß das Gwandl her.

Die dreizehnten Bayern

Jetzt muß man auf den Krieg ausziehgen,
Adjes, du Festung Ingolstadt!
Daheim, da kann kein Mensch nicht siegen,
Der Zug bis auf das Frankreich fahrt.

Und wie wir seins nach Frankreich summen,
Da stehn die Leut und schaun uns an.
Da müssens die Kanonen brummen,
Damit der Feind recht laufen kann.

Er laufet gschwindig, er laufet schnelle,
Das ist nicht gut, bal ers nicht steht.
Wir möchtens ihm etwas verzählen,
Daß ihm das Auge übergeht.

Wir möchtens ihm ja gratulieren
Zu seinem Freund und Bruder Russ',
Den tut man in die Lachen führen,
Da wo er sehr versaufen muß.

Wir möchtens ihn ja etwas fragen:
Wo liegt das schöne Belgierland?
Die Festung fallt in ein paar Tagen,
Die Zeitung macht es auch bekannt.

Die Festung fallet, die Leut seins gfangen,
Jetzt müssen wir aufs England nein,
Es tut sich ja kein Mensch nicht ferchten,
Bal auch die Meer dazwischen sein.

Bist dus aus England, wirst dus erschossen,
Dann fällst du um und lebst nicht lang;
Dein Schiff wird gnommen und ertrunken,
Daß kein Mensch nicht mehr fahren kann.

Dann muß mans wohl den Abschied blasen,
Jetzt lebets wohl, der Krieg ist gar!
Und wann kein Ruh ist bei die Menschen,
Wir kommen wieder übers Jahr.

Infanteristengsangl

Der Hauptmann gibt uns die Gewehr';
Die krachens laut, und gehens los –
Bummbumm!
Adjes, adjes, Musjeh Franzos.

Der Hauptmann gibt uns Pateronen,
Da wo mans viele haben muß –
Bummbumm!
Adjes, adjes, Herr Musjeh Russ'.

Der Hauptmann gibt uns einen Sabel,
Er schleift ihn selbst und schaugt ihn an –
Bummbumm!
Adjes, adjes, Herr Englischmann.

Der Hauptmann gibt uns auch ein Messer,
Das sollt ihr sehen, das ist scharf –
Bummbumm!
Adjes, adjes, Musjeh Zuav!

Der Hauptmann gibt uns einen Orden,
Der schaugt beim Knopfloch stolz heraus –
Bummbumm!
Adjes, adjes, der Krieg ist aus!

Die sechzehnten Bayern

Es kommt der Herr Hauptmann, der hat einen Brief,
»Guten Morgen, Herr Hauptmann, was steht in dem
Brief?«

– In dem Brief steht zu lesen: ein' recht schönen Gruß,
Der bayrische Kronprinz auf Belgien muß.

»Herr Hauptmann, und wenn er aufs Belgien zieht,
Aber ohne die tapferen Sechzehner nit!«

– Die Sechzehner sein schon ins Büchl eingschriebn,
Sunst wären ja die Bayrischen drunten bliebn.

»Und wann wir in seinem Büchl drin stehn,
Auf den weicheren Feind därf das Sechzehnte gehn?«#

– Der Feind, und der kommt herüber von drent,
Wo man das Vaterland England nennt.

»Wann die Englischen da sein, das is uns schon recht,
Wo ein jeder ein' Englischen herhauen mecht.«

– So will ich zum Kronprinzen gehen noch heut,
Das Herhauenmögen, das is ihm ein' Freud.

Da schiebt der Herr Hauptmann den Brief wieder ein;
Marschierns wir halt morgen ins Belgien hinein.

Und wer hat's denn gemacht, dasselbig Gedicht?
Ein Glasblaser halt, kein anderer nicht.

Da seins dir halt Leut, bei der Glasblaserei;
Beim Sechzehnten, und da sein s' alle dabei.

Soldatenfranzösisch

Das *Frassäh*[1] ist nicht schwer zu reden,
Wann mans ein Hirn im Kopfe hat;
Tun wir ein *Mehsonghaus*[2] betreten,
»Bongschurr«![3] sagt jeder Solidat.

Tu ichs mit der Madamm parlieren,
Zeigst dus das *Loschimangbilljeh*,[4]
Tut ers den *Pisang*[5] sehr ausschmieren
Und gibts dem *Schönvieh*[6] den *Beseh.*[7]

Der *Mosjeh Wulewuh*[8] tut schaugen,
Es ist ihm dieses unbequem,
Die *Fillje*[9] machets runde Augen,
Wann mans ihr saget: *schefusehm*![10]

Es darf kein Mensch *Deloh*[11] nicht saufen,
Der Stabsarzt sagt: es ist *difeh*![12]
Wir müssens einen *Diwang*[13] kaufen,
Den tut man mit dem *Bong bejeh.*[14]

1 *Français*
2 *maison*
3 *bon jour*
4 *billet de logement* (Quartierzettel)
5 *paysan*
6 *jeune fille*
7 *baiser*
8 *monsieur »voulez-vous«*
9 *fille*
10 *je vous aime*
11 *de l'eau*
12 *typheux*
13 *du vin*
14 *bon, payer*

Der *Bulle*[15] auf dem Mist tut krähen,
Wo jedermann beleidigt ist;
In der *Kwisinn*[16] muß man ihn sehen,
Wann er mit *Böhr*[17] gebraten ist.

Boahr und *Mantsche*[18] muß mans lieben,
Matmoasell, lafehmebah![19]
Merßi! Wir müßens weiterschieben,
Das treue Herz bleibt bei dir da!

[15] *poulet*
[16] *cuisine*
[17] *beurre*
[18] *boire, manger*
[19] *mademoiselle, lavez me bas!* (Fräulein, waschen Sie meine Socken!)

Der bayerische Flieger

Das muß man sehgen, wie daß wir fliegen:
Vom Boden auf und in die Höh'!
Es kann uns ja kein Mensch nicht kriegen,
Viel weniger ein Schwolischeh.
Wir brauchens keinen Gaul beschlagen,
Der wo den teuren Hadern frißt.
Er kann uns nicht zum Himmel tragen,
Weil dieses ihm beschwerlich ist.

Wir habens den Mantor gebauen,
Der wo von selber gehen muß;
Er tuets den Benzin verdauen
Und macht aus ihm den Fliegergruß.
Er gehet g'schwindsig, er gehet schnelle,
Die Nachtigall kann da nicht mit;
Er fliegt zum Himmel, er fliegt zur Hölle –
Mein Schatz, der heißt Maria Schmidt.

Maria Schmidt mein Schatz sich nennet
Und betets sehr, das ist schon gut,
Daß mich die heiße Höll nicht brennet,
Wo mans so nah vorbeifliegen tut.
Maria Schmidt, tu dich nicht grämen,
Indem daß wir nicht narret sin,
Und müssen wir zum Teufel kemen,
Wir haben's jetzt noch nicht im Sinn.

Maria Schmidt, ich muß dir sagen,
Wir fliegen ja beim Himmelszelt;
Die schönen Sterndlein tun uns Plagen,
Wenn auf das stolze Haupt es fällt.
Die scharfe Sonne tut uns brennen,
Wenn man ihr in das Antlitz fliegt –
Maria Schmidt, das muß man g'wöhnen
Bis daß der Wehdam sich verziehgt.

Der heilige Sankt Petrus lachet,
Wann's ihm ein Flieger winken tut;
Er gehet's an die Tür und machet
Sie sehr geschwindsig vor uns zu.
»Du heiliger Sankt Petrus, sage,
Was machest du das Türlein zu?
Es tut den Flieger sehr verschmachen,
Wann man ihn so behandeln tut.«

Der heilige Sankt Peter brummet:
»Kein Flieger därf ja nicht herein,
Der wo mit Rauch und Sünden kummet
Und habet's keinen Heilingschein.«
»Und wann's wir keinen Schein nicht haben,
Das machet nichts, Sankt Peterus:
Der wo als Flieger wird begraben,
Den Heilingschein bekommen muß.

Er kommt mit dem Mantor gefahren,
Wohl in den Himmel muß er hin,
Und auf der Musi därf er drahen
Mit einer feschen Marterin.«

Und der dies neue Lied gemachet,
Das ist ein Flieger, wie man sieht;
Und wann es in den Lüften krachet,
Dann denkt er an Maria Schmidt.

Die zu Pferd und die zu Fuß

Die zu Pferd singen:
Wer es so recht bedenket hat,
dem tuets leid der Fußsoldat;
der Schuster hat es ausgedacht,
wie daß man ihm ein Rößlein macht.
Er kriegts den Wehdam und die Gicht –
sein braunes Rößlein merkt es nicht.

Wer es so recht betrachtet hat,
der liebts zu Pferd den Solidat,
und eine Lanzen muß er ham,
wo er den Feind recht stupfen kann.
Und wenn der Feind das Maul verziecht,
sein braunes Rößlein merkt es nicht.

Wer es so recht gesehen hat:
wie klein ist doch der Fußsoldat!
Von unten ist er kurz im Lauf,
und oben hört er zu bald auf,
von weitem ihn kein Mensch nicht siecht,
kein braunes Rößlein merkt ihn nicht.

Wer es so recht erwäget hat,
wie hoch zu Roß ist der Soldat!
Und wenn er reitet in dem Feld,
der Feind ihn für den Riesen hält
und machets linksum kehrt und fliecht,
wann er sein braunes Rößlein siecht.

Wer es so recht empfunden hat:
schön ist er nicht, der Fußsoldat;
die schönen Leut sind gar nicht viel
und Fußer gibts, so viel man will,
der Helm ist schöner, wies Gesicht,
kein braunes Rößlein möcht ihn nicht.

Wer es so recht begriffen hat:
was ist zu Pferde der Soldat!
Die sucht man aus von weit und breit,
die sein halt lauter saubre Leut;
Die Mädchen sehr der Haber sticht,
sein braunes Rößlein merkt es nicht.

Die zu Fuß singen:
Der wo ein Schmalz im Kopfe hat,
aus dem macht mans den Fußsoldat,
aus dem macht mans den Pionier,
den Jäger und den Fußmarschier;
auch hat er einen stolzen Fuß,
wo jedermann behaupten muß.

Der wo die Sach beim Licht anschaut,
dem Reitersmann gar nie nicht traut;
alleinig ist er gar nichts wert,
drum setzt der König ihn aufs Pferd;
er habet sehr den Krampf im Fuß,
wo jedermann bedauern muß.

Der wo nicht blind im Auge ist,
der sagt adjes, Herr Kawallrist!
Der Fußsoldat, der ist ein Mann,
der wo den Feind verschießen kann,
er gehts in den Kanonenschuß,
wo jedermann bewundern muß.

Der wo die Bücher lesen kann,
der schauget sichs den Fußer an
beim Fechten mit dem Bankanett
und wenn er seinen Sabel dreht,
und schaut auf seinen stolzen Fuß,
wo jedermann betrachten muß.

Der wo die Welt gesehgen hat,
der kennt das Pferd und den Soldat;
das Pferd, das ist ein kluges Tier,
wer oben sitzt, kann nichts dafür,
es lauft das Hirn ihm in den Fuß,
wo jedermann bedenken muß.

Der wo sich noch erinnern tut:
dem welchern seins die Mädchen gut?
Die wo den Fußer angeschaut,
die ists schon seine holde Braut
und tanzt mit seinem stolzen Fuß,
wo jedermann beneiden muß.

Treffen bei Flirey am 11. Dezember
Tuts mir den Fahner schwenken
Auf rundum Gloria!
Zur Rechten und zur Denken
Tuts mir den Fahner schwenken,
Der Sieg, und der ist da.

Wir habens zugehauen
Als wie die alten Schmied,
Viel Tote tät mans schauen,
So hams mir zugehauen,
Und ist noch keiner müd.

Ist noch in einem Graben
Ein Wulewuh darin?
Wir müssens alle haben,
Wenn noch in einem Graben
Die roten Hosen sin.

Dann tuts den Fahner schwenken
Auf rundum Gloria!
Zur Rechten und zur Denken
Tuts mir den Fahner schwenken,
Der Sieg, und der ist da!

Kriegsgefangen

Wo sind die Pateronen hin –
Ei wohl, die sind verschossen,
Mit tausend Mann kommt der Franzos
Und hat mich eingeschlossen.
»Herr Kamerad, gib dein Gewehr
Und gib auch deinen Säbel her,
Jetzt bist du halt gefangen.«

Ihr roten Hosen, und mein Gewehr
Und Säbel könnt ihr haben,
Dazu auch meinen jungen Leib –
Wo wollt ihr mich begraben?
»Herr Kamerad, wir schießen nicht,
Wir nehmen auch dein Leben nicht,
Auf Frankreich mußt du ziehen.«

Und als wir auf Paris marschier'n,
Da ging ich auf der Straße;
Da kam ein schönes Weibsbild her
Und schaut mir in die Nase.
»Herr Kamerad, bleib du bei mir,
Bleib du in meinem Nachtquartier,
Mein Schatz, der ist im Felde.«

Und wenn dein Schatz im Felde ist,
So ist er von den rechten,
Und wenn dein Bett zu breit dir ist,
So bist du von den schlechten.
»Herr Kamerad, so haß ich dich,
Gefangen bleibst du ewiglich,
Dein Kaiser muß dich lösen.«

Ich schreib dem Kaiser keinen Brief,
Ich darf mich ja nicht trauen;
Er hätt' sich auf sein Roß gesetzt
Und hätt' mich rausgehauen.

»Herr Kamerad, dein Kaiser hat
Kein Zeit für einen Solidat,
Französisch mußt du werden.«

Französisch, und das werd' ich nicht,
Ich will ein Bayer bleiben;
Gebt mir ein' Tinten und Papier,
Mein' Mädel muß ich schreiben.
»Herr Kamerad, die Schreiberei
Bringt dir kein' Hilf' gar nicht herbei,
In Frankreich mußt du bleiben.«

Ach, wenn mein Schatz die Straßen wüßt
Sie käm' schon hergelaufen,
Sie hätt' mich schon herausgeholt
Aus dem Franzosenhaufen.
»Herr Kamerad, wein' nicht so sehr,
Es gibt noch andre G'fangne mehr,
Ist besser als gestorben.«

Und wann ich schon gestorben wär'
Und hätt' ins Gras gebissen,
Viel besser, als gefangen sein
Und keinen Feind mehr schießen.
Herr Kamerad, nimm dich in acht,
Wann deine letzte Kugel kracht,
Sonst wirst du auch gefangen.

Und der dies neue Lied erdacht,
Der liegt bei Metz im Felde;
Er hat kein Mangel an dem Durst,
Wohl aber an dem Gelde.
Herr Kamerad, trink einen Schluck
Und mach auch für mich gluckundgluck,
Vielleicht wird mir geholfen.

Der Tod zu Frankreich

Herr Kamerad, was fallest du
und schaugest gar so bleich?
»Kein Farb' kann ich's nit geben,
ich därf's ja nicht mehr leben,
geh' du mir mit der Leich' – valleri!
Geh' du mir mit der Leich!«

Und als er lag im grünen Gras,
zu Häupten stand der Tod.
»Mein Schatz, den tut's mir grüßen,
Franzosen müssen's büßen um ihre Augen rot – valleri!
Um ihre Augen rot!«

Wir ham's ja kein Gebet gemacht,
wir ham's ja nicht geweint,
wir haben's zweimal g'laden, eins für den Kameraden,
das ander' für den Feind – valleri!
Das ander' für den Feind.

Der erste Schuß, und der ging los,
der ist für seine Ehr'.
Die andern muß man's sparen,
es muß zu Grabe fahren, der wo ihn traf so schwer – valleri!
Der wo ihn traf so schwer.

Und als die Schlacht gewonnen war
da gruben wir ihn ein.
Es tun in solchen Sachen
all die Gewehre krachen, wo Kameraden sein – valleri!
Wo Kameraden sein.

Und als ich aus dem Frankreich kam,
Sein' Liebste weint' so sehr.

»Mach' wieder hell die Augen
Und tu' auf Frankreich schaugen,
da weinen Mädel mehr – valleri!
Da weinen Mädel mehr!«

Und der dies Lied gesungen hat,
der hatt' ein' jungen Freund.
Und hat es selbst gesehgen,
wie daß ein Tränenregen
zwei Augen blind geweint – valleri!
Zwei Augen blind geweint.

Brief aus dem Schützengraben

Glaubst du, wir denken nicht nach Haus!
Glaubst du, wir denken nicht nach Haus!
Einmal im Tag und zweimal wohl,
und wenn der Tod uns holen soll,
und wenn sie kommt und findt uns nit,
die Kugel, die vorüberzieht –
Ich denk nach Haus.
Und immer einen Herzschlag lang
im Kugelfang, im Kugelfang,
und manchmal mit geschlossnem Blick –
ich denk zurück, ich denk zurück,
ich denk nach Haus.
Ich denke an mein braunes Roß –.
Mein kleiner Bub, wie wirst du groß? –
Jetzt zieht zu Alm der erste Schnee –
Dein Weinen, Weib, das tut mir weh –
Ich denk nach Haus.

Glaubst du, wir denken nicht nach Haus!
Glaubst du, wir denken nicht nach Haus!
Die Simmentaler Kuh frißt schlecht –
Der ist ja auch im Feld, mein Knecht –
Dies war ein magres Apfeljahr –
mein Bub, ich streichle dir dein Haar –
Ich denk nach Haus.
Mit wem der Nachbar prozessiert? –
Geboren und gstorben wird –
Die Weberin geht klatschend um –
Mein Weib, du trägst die Sorgen stumm –
Ich denk nach Haus.
Jetzt müßt ihr bald ans Dreschen gehn –
Wer wird nach meinen Bäumchen sehn –
Es wuchert wild der Heckenzaun –
Und auf den Roßmarkt müßt ihr schaun –
Ich denk nach Haus.

Glaubst du, wir denken nicht nach Haus!
Glaubst du, wir denken nicht nach Haus!
Was ihr in euren Kirchen weint! –
Seid keinem armen Teufel feind! –
Die Jugend spielt, die Jugend lacht –
Brennt nicht ein Haus wo in der Nacht? –
Ich denk nach Haus.
Was sieht der Wirt so sauer drein? –
Der Juhschrei wird wohl selten sein –
Das Tanzen ist nicht mehr der Brauch –
Der Müller füllt den feisten Bauch –
Ich denk nach Haus.
Er murmelt lieb, der alte Bach –
Ihr flickt das morsche Schindeldach –
Nun hast du wohl dein Krautfaß voll? –
Was aus dem Jungen werden soll! –
Ich denk nach Haus.

Glaubst du, wir denken nicht nach Haus!
Glaubst du, wir denken nicht nach Haus!
Das buntgedorrte Weinlaub fällt –
Was guckt ihr trübe in die Welt? –
Wie wird der Winter werden doch? –
Der Briefbot hält ein Schreiben hoch –
Ich denk nach Haus.
Der Kirchweihtag war ohne Gäst –
Und leer ist unser Schwalbennest –
Die Kriegsmär geht im Land geschwind –
Ihr schreit um die, die nimmer sind –
Ich denk nach Haus.
Ihr habt die Felder abgeräumt –
Vom großen Los der Schuster träumt –
Die Weihnachtsgans wird mählich, dick –
Macht noch der Schneider Politik? –
Ich denk nach Haus.

Glaubst du, wir denken nicht nach Haus!
Glaubst du, wir denken nicht nach Haus!
Die Weibsleut bleich, die Weibsleut bang –
Die Buben bleiben allzu lang –
Der Berg steckt hinterm Nebelherbst –
Mein Wald, wie du dich greller färbst! –
Ich denk nach Haus.
Das Laub fällt raschelnd auf den Pfad –
Wo ist der Jäger, der ihn trat? –
Zur Dämmerstund röhrt schon der Hirsch –
Der Jäger geht auf Menschenpirsch –
Ich denk nach Haus.
Die Füchslein schleichen viel zu frei –
Und frecher wird der Rabenschrei –
Die Katze hockt vorm Mauseloch –
Der Maulwurf warf dies Jahr zu hoch –
Ich denk nach Haus.

Glaubst du, wir denken nicht nach Haus!
Glaubst du, wir denken nicht nach Haus!
Die Stubenuhr tickt tiefen Ernst, –
Mein Büblein, wenn du beten lernst –
Der Kater schnurrt, der Kater schnurrt –
Mein weißer Spitz fährt auf und knurrt –
Ich denk nach Haus.
Im Lehnstuhl sitzt der liebe Greis –
Die letzten Fliegen summen leis –
Und polternd übern Estrich geht
Die gute Magd, die Margareth.
Ich denk nach Haus.
Und von der Kirch ein Orgelklang –
Ach, alter Leute müder Sang! –
Es lärmt von fern ein Rapphengst mit –
Auf seinem Amboß lärmt der Schmied –
Ich denk nach Haus.

Glaubst du, wir denken nicht nach Haus!
Glaubst du, wir denken nicht nach Haus!
Die Mädel, die am Brunnen stehn –
Die Buben nicht vorübergehn –
O Leben schwer, o Leben hart –
Nach Frankreich ist so weite Fahrt –
Ich denk nach Haus.
Der Lehrer rückt die Brill zurecht –
Der kleine Zeitungsdruck ist schlecht –
Der Bäck hört zu, der Bäck hört zu:
»Ist nicht der Krieg bald in der Ruh?«
Ich denk nach Haus.
Der Bäckenbub ist blond von Haar –
»Du, Lehrer lies: der Krieg ist gar!«
Die Fichten grünen hoch im Wald –
Weihnachten bald, Weihnachten bald –
Ich denk nach Haus.

Glaubst du, wir denken nicht nach Haus!
Glaubst du, wir denken nicht nach Haus!
Mein Weib, vergold die Nüsse fein –
Das Christkind zieht im Schimmer ein –
Wie ichs im Lichtglanz wandeln seh! –
Und auf dem Waldweg knirscht der Schnee
Ich denk nach Haus.
Mein Bub sagt: ei mein Vater du,
gib den Gewehrhahn in die Ruh! –
Mein Büberl spricht, mein Büberl spricht –
Schlag nicht die Hände vors Gesicht –
Ich denk nach Haus.
Ein schöner, schöner Fichtenstamm,
und Weihnachtsflamm an Weihnachtsflamm,
Weib halt dich fest und halt dich fest –
Der Herrgott macht sein Sach aufs best –
Ich denk nach Haus …

Daheim die Mädchen

Was seins die Mädchen unverständig,
Wenn einer in das Frankreich zieht;
Sie tragen 's Herzlein nach auswendig,
Wo man das viele Weinen sieht.
Du schaugest tief hinein, Kamerad –
Die Augen, die seins Fensterlein,
Wo es geregnet hat.

Die Rosen, die seins nicht zu haben,
Der Winter hat sie eingeschneibt,
Ein roter Mund muß dich begaben
Und saget, daß er treu dir bleibt.
Das merk in deinem Sinn, Kamerad –
Die Feldwacht denkt auf Deutschland hin,
Wo sie's geliebet hat.

Tu mir ein' Brief auf Frankreich schicken,
Kein' schwarze Tinten mag ich's nicht,
Tu ihn mit deinen Röslein schmücken,
Den roten Röslein im Gesicht.
Die blühens mir allein, Kamerad –
Und muß ich sterben vor dem Feind,
Die Röslein welkens ab.

So mancher Schütz tut dar nichts taugen,
Er trifft ja nicht mein bayrisch Blut,
Nach Brauchst du kein Fürtuch vor die Augen,
wo dir das Tränlein wischen tut.
Ich find' schon wieder heim, Kamerad –
Das wird wohl eine Hochzeit sein,
wo man's gejuxet hat!

Labeuville im Woëvre, 4. Januar.

Der Lenz zu Frankreich

Kamerad, spiel auf, der Lenz hebt an:
Ich sah ein Hälmlein sprießen;
Ein Zweiglein auch, mit Knospen dran!
Der Sonnenschein ist wohlgetan,
Der Lenz, und der ist priesen.

Es will mein Herz den ganzen Tag
Nach Bayrischland wallfahrten,
Wo mir das Mädel weinen mag,
Wenn wieder süßer Amselschlag
Mit Liedern füllt den Garten.

Was kann ich heut nicht Hand in Hand
Mit ihr die Wege gehen!
Mein Kaiser hat mich ausgesandt,
Zu Frankreich ist ein Scheibenstand,
Da muß ich Schildwach stehen.

Es streicht ein lindes Lüftelein
Wohl über meine Augen
Und fegt sie von den Sorgen rein,
Daß sie zwei blanke Lichter sein,
Wenn sie in deine schaugen.

Es sein zwei junge Tauben wir
Zu Bayrischland gewesen …
Schlägt dir das Herzlein so wie mir,
So weinst du auf ein Briefpapier,
Ich will das Tränlein lesen!

Das Mädel an den sterbenden Krieger

Und daß du weißt, wie lieb ich dich hab':
So bleib dem Leben und gib mir dein Grab!
Und bette mich ein.
Aus deinem Herzen nimm den Schrein,
in dem du mich trugst,
Und senk mich hinab.

Und Glocken klingen.
Und Knaben singen.
Und der Weihrauch steigt.
Mein Herz will noch einen Schlag erzwingen:
Du –
Du hast Dich über mein Grab geneigt.

Der Heilige Krieg
Angewandte Koranverse

Der Aufruf

Siehe, es ziehen die Schatten des Verderbens herauf über die Welten und über Meere
und über Ufer, gepriesen in Schriften, und über gebietende Stämme:
ihre Zeit ist erfüllt, und die Stunde ist ihnen gesetzt,
und am Morgen werden die Zelte leer sein von Wohnenden,
die im Sande starben, niedergestreckt gleich hohlen Palmstrünken.
Beim schwellenden Mond! Bei den kreisenden Sternen! Städte zerstören wir und Menschen und machen unsere Hasser kinderlos
und bringen Wehklagen an ihre Ufer und das Geschrei der Mütter,
und die Väter zeigen das Weiße ihrer Augen – seht, sie sind kinderlos geworden!
Gebietende Stämme, die da Eide brachen und Übel sannen in ihren Brüsten –
Allah hat sie in eure Hände gegeben und wird sie strafen durch eure Hände und ihre Stirnen mit Schmach bedecken.
Du rufe zum Kampf, Prophet,
und rüste, was da ist an Schwertern und Rossehufen und an blanken Messern für Männer und schwertgewandte Knaben.
Sind euer nur zwanzig Standhafte, siehe: sie überwinden hundert, und sind euer hundert, sie überwinden tausend;
und eure Beute wird tausend Zeltdörfer füllen und hundert Städte.
Und wehe dem Menschen, der tönenden Waffen den Rücken kehrt, wehe!
Ihm ist kein Garten von vielen in sieben Himmeln, nicht Wasser aus der Quelle Salsabil,
nicht der volle Balg der Weintrauben und nicht der Flaum des Pfirsichs, nicht Kleider von grüner Seide und Kissen, verbrämt mit Brokat, nicht schwellende Betten

auf Hochzeitsthronen an rieselnden Bächen unter Gezweig,
nicht großäugige Houris –
siehe: sie breiten die dunklen Arme nach sterbenden Kämpfern aus.
Wehe dem Feigen, der tönenden Waffen den Rücken kehrt:
er sieht nicht erlöschende Augen der Hasser nicht blutsaugenden Sand, nicht Sieg; und niemand ruft ihn beim Teilen der Beute.

Die gebietenden Stämme

Sehet: über die Salzwasser zieht das Verderben;
weh euch, gebietende Stämme! Wir sprachen: »Stiftet nicht Unheil auf den Erden« –
ihr sagtet: »Wir sind die Rechtschaffenen!« und sahet zum Himmel empor, lästernd;
und Allah erbaute den Himmel und hob ihn auf hohe Säulen, und keine Risse sind in seinen Gefügen;
und Allah breitete die Erde aus und Sand und Grasflecken und säumte sie mit Bergen
und sandte aus seinen Himmeln fruchtbares Wasser und schuf Gärten und Ernte und hohe Palmen mit Fruchtknöpfen und grüne Teppiche und Bachläufe
und schuf Menschenpaare und machte den Schlaf der Augen und das Kleid der Nacht
und baute sieben feste Himmel über sieben feste Erden
und gab dem Tag die helle Lampe und der Nacht den wachsenden Schein und die kreisenden Sterne
und gründete im Nachthimmel die Wage – sahet ihr sie? –
und gründete sie dem Menschen zum Gleichnis, Gerechtes zu wägen und Ungerechtes – sahet ihr sie?
Bei Allah, der eure Herzen versiegelt hat und eure Ohren, und Schatten legte über eure Augen: eure Herzen sind krank und eure Brüste verpestet;
und eure Brüste schweigen, wenn eure Zungen sprechen,
und nicht ist Wahrheit, was ihr bekennet; und unehrlich ist der Haß in euch verborgen –
Lügner, die ihr da sprechet: *»es – salam aleika!«* Frieden auf dir!«
Lügner, die ihr da denket: *»es sa'm aleika«* Gift auf dir!«

Wahrlich, es ist Strafe eurer Lüge:
wenn jeder der Stämme knien wird vor dem lotosbeschatteten Thron, gerufen zu dem Buch, das seine Taten verzeichnet,
und wenn die Stimme des Ungesehenen schallt: »Heute werdet ihr belohnt für eure Taten!«
Die wir aufschrieben – und wir schrieben die Wahrheit:
wieviel Gärten verließet ihr und Quellen und Saatgefilde und edle Stätten und Freuden, die ihr genossen,
und zöget aus und sannet der Völker Verderben! Ihr, die ihr wart: wir geben eure Gefilde den Stämmen zum Erbe,
ihr, die ihr wart: die Verführten sagen sich los vom Verführer und rufen: sehet, wir haben das Band durchschnitten!
Und sagen sich los von den Verführern, denn ihrer ist Dschehannam!

Das Gericht

Und laut schallt die Posaune Israfils,
es faltet sich die Sonne, und die Sterne stürzen herab
und Berge bersten und wilde Tiere irren und heulen
und niemand ist, der der flüchtenden Kamelsstuten hütet und der Hengste und Füllen
und die Meere schwellen und die Salzwasser mischen sich mit den süßen,
und Gräber tun sich auf mit Toten, gespalten sind die Himmel,
und ihre Gewölbe rollen sich auf wie flutende Erzschmelze,
und näher das Paradies und näher die Feuer, lodernd in Höllen – siehe, siehe: Dschehannam!
Und die Brüste werden wach und die Taten, die ihnen schlummerten, und die Bekenntnisse, und keiner kauft sich los an dem Tage der Strafe, nicht um den Preis seiner Söhne, nicht um seine Genossin und nicht um seine Brüder, daß sie ihn dann erretteten;
denn aufgeschlagen ist das Buch Siddschin, das Buch der Freveler, deren Lohn die Feuer sind und Dschehannam,
und fürwahr: aufgeschlagen ist das Buch Illijun, das Buch der Gerechten, Engel geleiten sie an die Pforten der Süße;
und die Frevler und Unfreien – siehe: da die Posaune in ihre Gräber schrie, eilten sie auf wie zu Kriegsbannern,

aber rauchgeschwärzt sind ihre Gesichter,
sie stehen schimpfbedeckt und verstohlen blickend,
und die Hand ihrer Bosheit ist mit Palmfasern an ihren Hals gebunden und ihre Linke auf ihren Rücken zu ihrem Schimpf
und das Buch ihrer Taten ist das Buch Siddschin und wird in ihre Linke gegeben.
Euch die Feuer und Dschehannam!
Und keine Zuflucht am Tage des Gerichts und keine Ableugnung
und keiner der Himmel für euch, sieben an der Zahl, mit Gärten und Wassern – euch die Feuer und Dschehannam.

Der Himmel

Wahrlich, ihr Kämpfer, die ihr in die Lustgärten Edens eintreten werdet, geschmückt mit Armringen aus Gold mit eingelegten Perlen,
seiden eure Kleider, mit Goldfäden durchwoben und verbrämt mit Brokat, duftend nach den Spezereien der Erde:
zwei Gärten jedem von euch, zweigbehangene; darin reihen sich Palmbäume, fruchttragend, und von jeder Frucht zwei köstliche Arten,
und Granatäpfel; und nieder hangen die Weintrauben zu Häupten;
nah euren Wimpern die Baumschatten und euren Lippen nah die Früchte, welcherlei Süße ihr verlangt;
und Gartengehege und Beete der Rosen und Weinhänge und Wiesenland und Gebüsch in Blüten;
die Bienen tragen geläuterten Honig in seidene Zelte.
Wahrlich, ihr Kämpfer, sprechet: Lob sei Allah, der die Kümmernis von uns nahm:
nicht treffen uns Plagen, und fern ist uns Ermüdung;
des Paradieses Bewohner, siehe, sie leben in Ergötzung,
sie und ihre Gefährtinnen, in Hochzeitsthrone gelehnt, nah überschattenden Zweigen,
auf seidene Lager geschmiegt, gesäumt mit Brokatstoff;
und Kissen, gefüllt mit dem Flaum junger Schwäne, und erhöhte Polster; und ihre Füße ruhen auf durchwobenen Teppichen künstlicher Art;
und dornenloser Lotus zu Häupten und der Blütenschnee der Bananen.

Euch Kämpfern zwei Gärten mit zwei rieselnden Bächen und ihre Wasser sind süß und versiegen nimmer; und da sind Milchbäche

und Bäche von Honig, köstlich zu trinken;

sieh: in den Gärten wandeln keusch blickende Houris,

von keinem Manne erkannt; sind sie nicht Hyazinthen gleich? Oder Korallen?

Großäugige Houris! In ihren schauenden Sternen sind Perlen verborgen und Schimmerstein.

Ihr Kämpfer: euch schufen wir sie in besonderer Schöpfung,

und schufen euch die Quelle Kafur und schufen die Quelle Salsabil, die Quelle der Quellen;

trinkt! Und mischt versiegelten Wein in die Wasser der Quelle Tasnim, geleitet zu den hohen Gemächern der Gerechten,

und mischet in Gefäßen aus ziseliertem Gold und in seltenen Bechern Ingwer.

Ihr Kämpfer: unsterbliche Knaben machen die Runde um euch – sähest du sie, du hieltest sie für zerstreute Perlen,

silbern ihre Armspangen und ihre Kleider aus grüner Seide.

Und Friede! Friede! Und kein Tod nach dem ersten und nicht Frevel und nicht Strafe, und ewigliches Verweilen – sieh, das ist euer Erbe.

Und nahe ist Allah, und der Lotosbaum beschattet ihn im siebenten der Himmel.

Die Hölle

Ihr Weggeführten von Gärten und Quellen und Schätzen und edlen Städten,

sehet: dieses ist Dschehannam, die euch angedroht ward,

Dschehannam und der lodernden Feuer Ort; und schlimm ist der Pfühl und die Herberge, und darin ist ewigliches Verweilen;

und siehe: geraubtes Gold glüht in Dschehannams Feuern,

Verfluchte – seine Weißglut brandmarkt euch Stirnen und Seiten und Rücken;

büßet aufgehäufte Schätze; Gleißnerei büßet und den Neid eurer Brüste; euch die unterste der Feuerschichten mit wohlgenährten Brünsten;
siehe: wie eure Weiber Holz herbeischleppen und hitzenden Kamelmist

und sie tragen den Strick von Palmfasern um den Hals.

Und kein Sterben ist über euch verhängt und keinerlei Erlösung und nicht Unterbrechung und nicht Rast,

und vom Baume Sakkum kommt euch würgende Speise, und verderbliche Kost vom Doriastrauch;

brennende Speise in den Eingeweiden – trinket, wie dursttolle Kamele trinken, und trinket geschmolzenes Erz in euere Bäuche.

Lästernde Verleumder ihr! Euch das Feuer El Hotamah, von Allah angezündet!

Mächtige! Edle! Es züngelt über euren Herzgruben auf und loht und wächst und ist über euch ein Gewölbe auf hohen Säulen.

Gebietende! Reiche! Herrschende, ihr! Endlos euer Wehschrei – er lockt nicht eure Sippe und nimmer Menschen, die euch dann erretteten, Unselige in Glutwinden und tropfenden Siedwassern

und Schatten von schwerem Rauch!

Es soll euch nicht Kühlung sein, nicht labendes Getränk und nicht Rast;

denn dieses ist Dschehannam!

Und Verzweiflung auf euch – rufet: Malik, Malik!

Rufet: Scheich der Höllen, daß doch dein Herr ein Ende mit uns mache!

Und Malik spricht: euer Ende ist ewig, und euch ist kein Tod,

und dieses ist Dschehannam!

Nachwort von Michael Stephan: Georg Queri und der Erste Weltkrieg

1. Bei Kriegsbeginn (August 1914)

Die Zeitschrift »Jugend«, die wie die satirische Zeitschrift »Simplicissimus« seit 1896 wöchentlich in München erschien, wurde vom Kriegsausbruch und der deutschen Mobilmachung am 1. August 1914 überrascht. Die Ausgabe Nr. 32 erschien am 5. August[1] in gewohnter Aufmachung (das Coverbild von Ferdinand Spiegel zeigt eine Frau in Tracht mit einem Blumenkranz) und mit vielen Beiträgen, die auf den ersten Blick so gar nichts mit den neuen Zeitumständen zu tun hatten. Auch der Schriftsteller und Journalist Georg Queri (1879–1919), der seit 1908 in unregelmäßigen Abständen immer wieder kleine volkstümliche, meist lustige Geschichten für das Blatt beisteuerte, war in dieser Ausgabe mit zwei Aufsätzen vertreten: mit »Der Herr Herzog hört sich eine Predigt an«, die Queri »aus dem Volksmund« abgelauscht hatte, und »Die alten Gspaß vom Geborenwern, vom Leben und vom Kranksein und was Lustigs vom Tod und vom Teufl«. In dieser Ansammlung kleiner Späße und Sketche von der »Kindstauf« bis zu »Die Freunde am Grab« gibt nur die kurze Geschichte »Bei der Militari« einen kleinen Hinweis auf die Kriegsahnung in der dörflichen Bevölkerung:

»Das ganze Regiment fühlt sich geehrt. Denn laut Tagesbefehl ist der Soldat Balthasar Hueber zum Gefreiten avanciert. Er hat's gar net mit dem Brieferlschreibn, aber das muss er seiner Stasi schon heimmelden. ›Auwehauwehauweh‹, jammert die Stasi; ›wenn's nur keinen Krieg net gibt. Allaweil schießen s' zuerst auf die Hochen.‹«

Die Redaktion der »Jugend« hatte gegen Ende der Ausgabe dieser Nummer eine distanzierende Notiz »an unsere Leser« eingeschoben:

»Da der nichtaktuelle Teil der ›Jugend‹ (S. 1–10) aus technischen

Gründen mindestens sechs Wochen vor Erscheinen fertig gedruckt sein muss, wird auf diesen Seiten der vorliegenden und der nächsten 5–6 Nummern mancher Scherz zu finden sein, der nicht in die gegenwärtige Stimmung passt. Wie sich von selbst versteht, wird Bild und Wort auch im farbigen Teil nach dieser Frist dem Ernst der Zeit angepasst sein.«

Bereits in der übernächsten Ausgabe Nr. 34 der »Jugend« vom 19. August 1914 zeigte Georg Queri, dass auch er sich wie viele Schriftsteller und Künstler dem »Ernst der Zeit« angepasst hat. In dem Beitrag »Feldpost. Ins Nationale übersetzt von Georg Queri« zieht er in drei fiktiven Feldpostgedichten die drei Kriegsgegner Russland, Frankreich und England propagandistisch ins Lächerliche:

»Liabe Frau Mariandl!
Aber mir san guat gstellt:
Mir ziahgn mit die Lackstieferln
Aussi aufs Feld.
Gestern san ma umi,
San eini auf Berlin –
Fufzgtausnd Preissn
Und drei Hessn san hin.
Ganz Bayern ham ma gnomma,
Und da Kini von Schwabn
Is gfanga in Plattling.
Mit dem wird's was ham.
Zeppelin ham ma alle gfangt
Zwischn Pasing und Loam;
Oan hab ih im Turnister,
den bring ih dir hoam.
Acht Täg wird's noh dauern,
Na is reiner Tisch –
Oa Preiss is noh auf der Zugspitz drobn,
Muass schaun, dass ih 'n derwisch.
Sunst is weiter nix los –
An schön Gruaß
Dei Franzos.«

In ähnlicher Diktion lässt Queri den »Kosak« an das »liabe Väterchen Zar« und Lord Albion an die »liabe Handelskammer« und die »liabe Bank« schreiben.

Queri hatte sein Thema gefunden, das ihn die nächsten vier Jahre nicht mehr loslassen sollte. In vielen Beiträgen für Zeitungen und Zeitschriften, dann auch in etlichen »Kriegsbüchern«, von denen das »Kriegsbüchl aus dem Westen« (1915) den Anfang machte, schilderte Queri das Kriegsgeschehen an der Westfront und dort vor allem das Leben der bayerischen Soldaten, das er aus eigener persönlicher Anschauung kennengelernt hat. Er war dort immerhin von Anfang September 1914 bis November 1917 fast durchgehend, nur unterbrochen von gelegentlichen Heimaturlauben und einem längeren Krankenhausaufenthalt.

2. Georg Queri reist an die Westfront (September 1914)

Georg Queri war bei Kriegsbeginn 35 Jahre alt, kam aber für einen Einsatz als Soldat nicht infrage. Seit er als 13-jähriger Bub beim Schulturnen schwer gestürzt war und einen komplizierten Hüftgelenksbruch erlitten hatte, musste er mit einem verkürzten Bein leben und ständig am Stock gehen. Zudem kam es immer wieder zu Knochenabsplitterungen, die schmerzhaft durch seinen Körper wanderten.

Dennoch wollte Queri den Krieg nicht vom Stammtisch in München aus verfolgen, an dem die Stammtischbrüder eifrig am »Weltverteilen« waren, wie es in der Geschichte »München« heißt. Diese Geschichte, mit der der Abschnitt »Dinge am Kriegsrand« im »Kriegsbüchl aus dem Westen« beginnt, endet mit den autobiografischen Worten: »Eines Tages hielt ich's nicht mehr aus. Und packte meinen Rucksack und fuhr nach dem Westen. Da war der Krieg …«

Anfang September 1914 reist Queri als Privatmann ohne Auftrag einer Zeitung oder Zeitschrift »an der Lothringer Grenze hinauf nach Metz« (vgl. im »Kriegsbüchl«: »Nachtfahrt im Fortbereich von Metz«). Er bezieht dort ein privates Quartier in der Bankstraße 31 im dritten Stock, das ihm als Ausgangsort für seine Erkundigungen dient. Er wird am 11. September 1914 Augenzeuge der kurzfristigen Besetzung von Pont-à-Masson bei Toul durch bayerische Soldaten, die sich aber schon nach zwei Tagen wieder zurückziehen müssen (im »Kriegsbüchl«: »Der Kampf der Wacht am Rhein mit der Marseillaise«, »Champagner und Granaten« und »Der Krieger, den sie vergessen hatten«).

Mit großer Offenheit und auch Betroffenheit registriert Queri die Auswüchse des Kriegs: »Und außerdem war ich von Longwy gekommen, das damals – am 26. September – noch in seiner ganzen schauerlichen Verwüstung zu sehen war« (»Ein deutsches Lied«). Und an anderer Stelle: »Longwy – na, ich war in dem zerschossenen Longwy Haut und komme nicht drüber weg: das fürchterlichste Beispiel deutscher Schießerei. Grauenhaft« (»Der Ringkämpfer im Feld«).

Seine Beobachtungen notiert er in stenografischer Kurzschrift in Notizbücher,[2] die ihm dann als Grundlage für seine ausgearbeiteten Texte dienen; ein kleiner Halbsatz in der Geschichte »Zu Metz die Mutte läutet!« (im »Kriegsbüchl«) verweist darauf: »Während ich in meinem Metzer Standquartier meine Feldnotizen ins Reine schreibe, [...]«.

Neben Geschichten dichtete Queri auch weiter Verse, die er unter dem Titel »Unfrisierte Kriegslieder« in der Zeitschrift »Jugend« veröffentlichte: Die Lieder »Landsturm«, »Die Sechzehner« und »Infanteristengsangl« erschienen in Nr. 49 vom 2. Dezember 1914, »Dreizehner« in Nr. 1 vom 1. Januar 1915 und »Die von der Mörserbatterie« in Nr. 3 vom 14. Januar 1915; alle waren unterzeichnet mit »Von Georg Queri (Lothringen)«. Das »neue Marschlied« »Soldatenfranzösisch« erschien zuerst in Nr. 50 vom 9. Dezember 1914. Nach einem Sieg der deutschen Truppen über die Franzosen verfasste Queri das Lied »Treffen bei Flirey am 11. Dezember«, das die »Jugend« in Nr. 2 vom 7. Januar 1915 publizierte (mit der Ortsangabe »Queuleu« beim Autorennamen). Georg Queri war wohl an vorderster Front mit dabei und hat sich dort etliche Brüche zugezogen, die erst im Juni 1917 operiert wurden.

Alle diese in der »Jugend« erstmals veröffentlichten Lieder hat Queri auch in sein »Kriegsbüchl aus dem Westen« (im Abschnitt »Versbüchl«) aufgenommen, teilweise mit leicht veränderten Überschriften.

Da Queri ab März 1915 für die Zeitschrift »Daheim« arbeitete, endete zunächst auch die Zusammenarbeit mit der Zeitschrift »Jugend«. Erst nach seiner Rückkehr von der Westfront veröffentlichte er dort wieder ab Januar 1918 und fand auch eine Anstellung als fester Redakteur.

3. Georg Queris erstes Kriegsbuch: »Kriegsbüchl aus dem Westen« (1915)

Am 13. Februar 1915 erhielt Queri in Metz ein Schreiben aus Berlin von Hanns von Zobeltitz (1853–1918), der für den Verlag Velhagen und Klasing (in Bielefeld und Leipzig) als Redakteur der Zeitschriften »Daheim« und »Velhagen & Klasings Monatshefte« arbeitete.[3] Zobeltitz bot Queri an, »ein hübsches kleines Bändchen« (mit »mindestens 75.000 Silben«) mit seinen Kriegsgeschichten zu publizieren. Der Verkaufspreis sollte 1 Mark betragen, das Honorar für den Autor 8 Pfennige pro Exemplar. Da Zobeltitz mit 10000 Exemplaren in die erste Auflage gehen wollte, sicherte er Queri gleich 800 Mark bei Ablieferung des Manuskriptes zu.

Erstaunlich schnell hat Queri das Manuskript für das Buch zusammengestellt. Ein eindeutiger Datierungshinweis unter Bezugnahme auf den Bauernkalender findet sich gleich in der ersten Geschichte »Anno Elf, als der Krieg am Himmel stand«: »Ich glaub, ich kann [...] getrost den Kriegsschrieb von Anno Elf heut wiederholen, am zehnten März, da die Vierzig Märtyrer im Kalender stehn, und im Kriegsjahr Fünfzehn.«

Das »Kriegsbüchl aus dem Westen« erschien dann wohl noch im März 1915 als erster Band einer neuen Reihe des Verlags mit dem Titel »Aus den Tagen des großen Krieges«. In der ersten Auflage steht auf dem von einem unbekannten (wohl norddeutschen) Künstler gestalteten Buchumschlag der fehlerhafte Titel »Kriegsbüchel« (im Gegensatz zum korrekten Innentitel); in späteren Auflagen wurde der Fehler korrigiert.[4]

Das wohlkomponierte »Kriegsbüchl aus dem Westen« ist in fünf Abschnitte gegliedert:

- »Anno Elf und Zwölf«
- »Mobilmachung«
- »Dinge am Kriegsrand«
- »Versbüchl«
- »Der Heilige Krieg. Angewandte Koranverse«

Im ersten Abschnitt »Anno Elf und Zwölf« bringt Queri drei kleine Komödien, die noch aus der Zeit weit vor dem Ersten Weltkrieg stammen, in denen aber schon deutlich die frühe Kriegsahnung auf dem

Land (alle Komödien spielen in einer Söckinger Bauernwirtschaft) zu spüren ist.

Die Komödie »Also ein Kriegsgespräch« erschien zuerst am 17. September 1911 in den »Münchner Neuesten Nachrichten«. Für diese Münchner Tageszeitung arbeitete Queri seit 1902 als Gerichts- und Lokalreporter und veröffentlichte in erster Linie journalistische Beiträge. Der historische Hintergrund der Komödie ist die Marokkokrise des Jahres 1911, die heute als Beginn des Weges in den Ersten Weltkrieg angesehen wird. In der Endphase der Kolonialisierung kam es beim Rückzug des Osmanischen Reiches aus Nordafrika zu einer Auseinandersetzung zwischen Frankreich und dem Deutschen Reich um die Vorherrschaft in Marokko. Kritischer Höhepunkt war am 1. Juli 1911 das Aufkreuzen des deutschen Kanonenbootes »Panther« vor Agadir. Erst nach langen Verhandlungen, die sich bis Anfang November 1911 hinzogen, begleitet von auf Krieg gestimmten Artikeln in der nationalen Rechtspresse und in vielen Reichstagsreden, erkannte Deutschland die französische Herrschaft über Marokko an und wurde dafür mit einigen Teilen Kongos entschädigt. Angesichts dieser großen Hintergrundereignisse bringt Queri in seiner Komödie die Volksmeinung in der Söckinger Wirtschaft treffsicher und minimalistisch auf den Punkt. Die Bauern haben nur die Sorge, dass sie dreschen müssen, wenn die Knechte im Krieg sind. Dagegen meint der Zunterer nur: »Mir brauchn koan Krieg net«. Queri hat diese Komödie mit der Überschrift »Anno Elf der Kriegskomet« zusammen mit neun weiteren kleinen Stücken in seinem 1918 erschienenen Sammelband »Bayrisches Komödiebüchl« erneut veröffentlicht.[5]

Auch die Komödie »Der Balkankrieg« erschien zuerst am 10. Oktober 1912 in den »Münchner Neuesten Nachrichten«. Darin entbrennt eine lebhafte Stammtischdiskussion über den ersten Balkankrieg, in dem die Balkanliga von Serbien, Montenegro und Griechenland die Türkei besiegte, die im Londoner Frieden (Mai 1913) in die Abtretung fast ihres gesamten europäischen Gebietes einwilligen musste. Die Balkankriege waren Wegbereiter für den Eintritt der südosteuropäischen Staaten in den Ersten Weltkrieg, wie es einer von Queris Stammtischbrüdern voraussagt (»Der Moar: Und was nachat? Na geht der Weltkriag an!«).

Auch diese Komödie wurde unter dem Titel »Der Balkankrieg anno Zwölf« ins »Bayrische Komödiebüchl« von 1918 aufgenommen.

Und auch in der nächsten Söckinger Stammtischkomödie »Anno Zwölf im Juni: Der Zeppelin kehrt von Berlin zurück« (auch sie unter gleichem Titel im »Komödiebüchl« von 1918) kommen die Bauern schnell auf die mögliche militärische Nutzung der zivilen Luftschiffe, die nach ihrem Erfinder »Zeppelin« genannt werden, zu sprechen (»Der Moar: Fangt er einfach an Kriag an und roast auf Paris hinteri mit sein Luftschiff und sagt: ›Jetzt bin ih da, ös gschneckltn Pariser!‹«). Im Jahr 1912 hatte Ferdinand Graf Zeppelin (1838–1917) in Potsdam die größte Luftschiffhalle Deutschlands errichtet, in der ab 1914 Kriegsluftschiffe gebaut wurden. Nach großen militärischen Verlusten wurde 1917 die Produktion eingestellt.

Im »Kriegsbüchl aus dem Westen« findet sich noch eine weitere Komödie, die Queri aber aus logischen Gründen in den Abschnitt »Dinge am Kriegsrand« eingefügt hat. Denn die Komödie »Hindianer« spielt schon im Oktober 1914 an der Westfront. Die Gespräche finden nun nicht mehr wie in den ersten drei Komödien im Wirtshaus statt, sondern im Schützengraben. Thema sind diesmal indische Truppen, die der englische Gegner einsetzen wolle, eben die »Hindianer«. Auch diese Komödie wurde im »Bayrischen Komödiebüchl« von 1918 erneut publiziert, allerdings mit der falschen Jahresangabe »Oktober 1915«.

Im zweiten Abschnitt »Mobilmachung« des »Kriegsbüchls« gibt Queri sehr schön seine Beobachtungen aus den ersten Wochen des Kriegs wieder. »Mobilmachung in den Bergen« spielt vor allem in Oberammergau, ein Ort, zu dem Queri seit den Passionsspielen von 1910 eine besondere Beziehung hatte.[6] Von den anderen fünf kleinen Skizzen in diesem Abschnitt sind vor allem die Geschichten »Brunnenvergiftung« und »Die Spione« zu erwähnen, die sehr anschaulich die anfängliche Hysterie in München gegenüber vermeintlichen Feinden schildern.

Der dritte Abschnitt des »Kriegsbüchls« mit der Überschrift »Dinge am Kriegsrand« ist der eigentliche Hauptteil. Hier schildert Queri in 78 kleinen Geschichten, meist in anekdotischer Form, seine eigenen Beobachtungen und Erfahrungen an der Westfront in Lothringen. Dem Leiden und der Tapferkeit der bayerischen Soldaten gehört seine ganze Sympathie (»Es wachst schon wieder nach«; »Vom guten deutschen Kerl«). Den französischen Soldaten dagegen, den Queri meist verächtlich oder verniedlichend kleiner »Piou-Piou« nennt, habe »ein künstlich genährter Wahn gegen Deutschland gesandt« (»Stilübungen des Herrn Gustave David zu Havre«). Nur die Franzosen sind für Queri Chauvinisten, dabei verfällt Queri selbst oft in gewöhnlichsten deutschen Patriotismus: In der Geschichte »Ein deutsches Lied« schwärmt Queri (»Nicht wahr, ein schönes Lied?«), in der darauf folgenden Geschichte »Dann ein französisches« ärgert sich Queri (»Ich kann die Klingelei der französischen Kriegsdichter nicht leiden«).

Die meisten der Geschichten im »Kriegsbüchl« tragen diese Tendenz mehr oder weniger unverblümt, was eine unbefangene Lektüre erschwert. Dennoch finden sich immer wieder kleine nette Skizzen von seltsamen und besonderen Menschen, denen Queri dort begegnet. Auch Tiere finden bei Queri mit seinem bäuerlichen Hintergrund eine entsprechend liebevolle Würdigung, die großen (»Lina, die gute Kuh aus Frankreich«) wie die kleinen (»La punaise«). Auch seine Reflexionen über die französische Sprache sind mitunter heute noch lesenswert. Mit einer »Schnellen Sprachhilfe für deutschen Soldaten« endet dann auch dieser Abschnitt des »Kriegsbüchls«.

Der vierte Abschnitt des »Kriegsbüchls«, das »Versbüchl«, enthält 14 Kriegslieder, darunter die schon genannten, in der Zeitschrift »Jugend« erstmals abgedruckten. Auch »Der bayrische Flieger« wurde zunächst an anderer Stelle veröffentlicht: in den »Kriegsflugbättern«, dem »Beiblatt zur Liller Kriegszeitung« Nr. 30 vom 15. März 1915 (zusammen mit einer Karikatur von Karl Arnold: »Die Stimmung in Frankreich – Russland – England – Belgien«).

Der eigenartigste Abschnitt des »Kriegsbüchls« ist der fünfte und letzte: »Der Heilige Krieg«. Hier zeigt Queri in einer adaptierten Sprache der Koranverse noch einmal seine Sicht auf den Krieg.

Die Standhaften werden vom Propheten zum Kampf aufgerufen gegen die gebietenden Stämme, die schuld sind an der Zerstörung der Städte und Menschen sowie am Verderben der Völker. Vor (dem Jüngsten) Gericht kommt es zur Scheidung. Aufgeschlagen ist das Buch Siddschin, das Buch der Frevler, und das Buch Illijun, das Buch der Gerechten. Für die gebietenden Stämme, die Verführer, ist Dschehannam (korrekt: Dschahannam), die Hölle, und das Feuer bestimmt. Die standhaften Kämpfer kommen dagegen in den Himmel, ins Paradies; hier locken Friede und ewiges Verweilen in Gegenwart von schönen Paradiesfrauen, den Huris. Die Hölle dagegen wird der ewige Ort für die Gebietenden, die Reichen und die Herrschenden, ohne dass sie jetzt Erlösung finden. Wie im Koran (Sure 43,77) hat der Engel Malik, der die Hölle bewacht, das letzte Wort: »Und sie rufen in den Qualen der Hölle: ›Malik! Dein Herr soll uns doch den Garaus machen, so dass wir im Tod Erlösung finden.‹ Er aber sagt: ›Nein! Ihr werdet hier bleiben.‹« Oder in der Version Queris: »Und Malik spricht: euer Ende ist ewig, und euch ist kein Tod, und dieses ist Dschehannam!«

Dieser Schluss des »Kriegsbüchls aus dem Westen« sollte wohl den Soldaten, die tatsächlich in den Schützengräben die Hölle auf Erden erlebten, den zweifelhaften Trost auf zukünftige Aufnahme ins Paradies vermitteln sowie die Genugtuung, dass auf die eigentlichen Verursacher des Kriegs die Hölle wartet.

Es verwundert nicht, dass Queri, je länger der Krieg dauerte und je näher das klägliche Ende nahte, nie mehr von einem »heiligen Krieg« sprach. Nach seiner Rückkehr von der Westfront nach München distanzierte er sich in einem Brief an den Verleger Klasing vom 20. April 1918 ganz deutlich von seinem ersten Kriegsbuch und möchte es »aus dem Verkehr ziehen«. Er weist darauf hin, dass Kriegsbücher »im Allgemeinen kein gesuchter Artikel mehr [sind], und insbesondere die zu Anfang des Kriegs erschienenen, sehr übereilt geschriebenen Sachen finden kaum mehr einen Leserkreis. Und wenn sie doch noch einen finden, so beurteilt der Leser heute das Geschriebene nicht mehr nach dem Zeitpunkt, am dem es in Druck ging, sondern nach den Erfahrungen von heute: dann fällt das Veraltete natürlich sehr ab und muss wohl auch eine harte Verurteilung erleben. Mit anderen Worten: Kriegsbücher von 14/16 sind erledigt, überholt, zum Teil sogar Ärgernis erregend. Ich muss das leider mit einigen Abschnitten meines bei Ihnen erschienenen ›Kriegsbüchl aus dem Westen‹ auch wiederholt erleben. Nachdem ich selbst 38 Monate im Westen war, stehe ich auch persönlich auf dem Standpunkt, das alle diese Literatur des Anfangs heute eigentlich bedauerlich erscheinen muss. So möchte ich in dieser Selbsterkenntnis mein Buch natürlich am liebsten nicht mehr im Handel sehen. […] Ich verurteile – nach meinen Erfahrungen und nach den ungeheuren Erlebnissen – so vieles von unserer Kriegsliteratur, dass ich mit der Kritik auch bei mir selbst einsetzen muss.«[7] Der Verlag antwortete drei Tage später, dass nur noch 1000 Exemplare (von zuletzt 15 000) vorrätig seien (die sollten aber weiter verkäuflich sein), aber dass man keine Neuauflage mehr vornehmen werde.

4. Georg Queri und die Zeitschrift »Daheim« (1915/16)

Die Publikation des »Kriegsbüchls aus dem Westen« im Verlag Velhagen & Klasing verschaffte Queri auch eine regelmäßige Mitarbeit an der Zeitschrift »Daheim«, die seit 1864 in diesem Verlag erschien (bis 1943). Während des Ersten Weltkriegs wurde eine eigene Zählung nach Kriegsnummern vorgenommen; so war Nr. 45 vom 8. August 1914 im 50. Jubiläumsjahrgang die »Erste Kriegsnummer des Daheim«. Bis Nr. 7 vom 16. November 1918 im 55. Jahrgang erschienen 224 Kriegsausgaben.[8]

Die Zeitschrift »Daheim« bot wie andere Feldzeitungen Ablenkung vom oft monotonen Alltag an der Front und war zugleich ein Forum für die Sorgen und Nöte der einfachen Soldaten. Wenn über das Weltgeschehen und den Krieg berichtet wurde, dann eher im plaudernden Ton. Dafür war Georg Queri der richtige Autor, der in »Daheim« zwischen März 1915 und Januar 1916 neun Beiträge veröffentlichte. Seine regelmäßige Kolumne hieß »Dinge am Kriegsrand« – wie der dritte Abschnitt des »Kriegsbüchls aus dem Westen« – und signalisierte so seine Fortsetzung.[9]

Zwei weitere Beiträge aus dieser Zeit erschienen in Velhagen & Klasings Monatsheften, einer anderen seit 1886 bestehenden Publikationsreihe des Verlags.[10]

Schließlich war Queri auch an dem Buch »Kriegsfahrten deutscher Maler. Selbsterlebtes im Weltkrieg 1914–1915« beteiligt, das ebenfalls 1915 im Verlag von Velhagen & Klasing erschienen ist. Das Buch mit einem Buchtitel des Münchner Künstlers Ludwig Hohlwein enthält zahlreiche ganzseitige Textillustrationen von Theodor Rocholl, Wilhelm Schreuer, Amandus Faure, Ernst Vollbehr sowie »Kriegsbilder hinter der Front« (S. 107–122) von Ernst Liebermann, die Queri mit seinen Kriegserlebnissen von der Westfront textlich hinterlegt hatte (»Zwischenspiele«).[11]

In diese Zeit der Mitarbeit für den Verlag Velhagen & Klasing und die Zeitschrift »Daheim« fällt auch eines der wenigen überlieferten brieflichen Zeugnisse Queris. Am 8. August 1915 schreibt er aus Metz an die Eltern in Starnberg:

»Liebe Eltern, nur keine Angst um mich. Ich habe mich so schön in den Krieg hineingewohnt, dass ich recht weiß, wie man der Gefahr aus dem Weg gehen kann. Der Soldat kann das ja nicht immer, aber ich als Privatmann opfere mich doch nicht unnütz. Das Vaterland hätte ja nichts davon. Übrigens sorgen meine militärischen Begleiter schon immer dafür, dass ich gedeckt bin. Also ja keine Angst.«[12]

In das für Queri so produktive Jahr 1915 fällt auch eine weitere Zusammenarbeit von ihm mit einem anderen bildenden Künstler. Für den Verlag der Vereinigung der Kunstfreunde Ad. Otto Troitzsch in Berlin-Schöneberg, in dem seit Kriegsbeginn »Bunte Kriegsbilderbogen« als Einblattdrucke erschienen, hat Queri für das Blatt Nr. 35 den Text »Der boarische Hiasl« geschrieben, die Illustrationen stammen von dem Grafiker Ludwig Kainer (1885–1967).[13]

Immer wieder trat Queri in Metz auch öffentlich mit Lesungen eigener Dichtungen auf. So fand am 23. Oktober 1915 im Großen Saal des Allgemeinen Militärkasinos »unter dem Protektorate Ihrer Exzellenz Frau von Oven«[14] ein »Heiterer Kriegsabend« statt »zu Gunsten der Kriegsfürsorge von Metz«.[15]

Am 29. November 1915 erhielt Queri von der »Tiroler Soldaten-Zeitung«, die vom k.u.k. Landesverteidigungskommando in Tirol herausgegeben wird (und bei der ab Juni 1916 der Schriftsteller und Offizier Robert Musil als Redakteur arbeiten sollte), die Bitte um einen Beitrag für die Weihnachtsnummer.[16] Eine Zusammenarbeit kam aber nicht zustande, da Queri zu diesem Zeitpunkt an seinem zweiten Kriegsbuch »Ja, die Bayern« arbeitete, das im Januar 1916 herauskam, und er sich auch beruflich in eine ganz andere Richtung orientierte.

5. Georg Queri als Kriegsberichterstatter für das »Berliner Tageblatt« (1916/17)

Im Januar 1916 bemühte sich Queri um eine Festanstellung als offizieller Kriegsberichterstatter. An die Oberste Heeresleitung und die dafür zuständige Abteilung IIIb des Stellvertretenden Generalstabs der Armee in Berlin schickte Queri am 20. Januar 1916 ein entsprechendes Schreiben und legte wie zur Bekräftigung auch ein Exemplar vom »Kriegsbüchl aus dem Westen« bei.[17] Mit Schreiben vom 21. Januar 1916 wurde eine Prüfung zugesagt.

Queri gelang es tatsächlich, Kriegsberichterstatter für das »Berliner Tageblatt« zu werden, das sich unter dem Chefredakteur Theodor Wolff (er hatte diese Funktion von 1906 bis 1933 inne) zum einflussreichsten Hauptstadtblatt neben der »Vossischen Zeitung« entwickeln sollte.[18] Queri wurde als Kriegsberichterstatter immerhin Nachfolger des renommierten Schriftstellers und Journalisten Bernhard Kellermann, dem mit seinem 1913 erschienenen Roman »Der Tunnel« bereits ein großer Welterfolg gelungen war. Der erste Beitrag Queris (»Vor Fresnes-en-Woëvre«) findet sich in der Ausgabe des »Berliner Tageblatts« vom 16. März 1916, der letzte (»In Flandern«) in der vom 11. Oktober 1917. Unterbrochen wurden seine regelmäßigen Artikellieferungen nur durch eine krankheitsbedingte Pause zwischen Mitte Februar und Mitte Juli 1917.

Queri gehörte als Kriegsberichterstatter einem kleinen Kreis ausgewählter Journalisten an, die an der Westfront beim Großen Hauptquartier, der Zentrale der obersten militärischen Führung des Kaiserreichs, akkreditiert waren. Das Große Hauptquartier hatte damals seinen Sitz in Charleville-Mézières (an der Maas in den Ardennen, nicht weit von Sedan). Aus einer späteren »Liste der im Kriegspressequartier West vom 1. Mai 1917 ab befindlichen Kriegsberichterstatter«[19] kennen wir auch die Kollegen Queris (er steht dort als Nr. 5 mit der Privatadresse »Metz, Bankstrasse 13«): Prof. Dr. Georg Wegener (»Kölnische Zeitung«), Wilhelm Scheuermann (u. a. »Deutsche Tageszeitung« und »Leipziger Neueste Nachrichten«), Hermann Katsch (u. a. »Münchener Neueste Nachrichten«, »Kölnische Volkszeitung«, »Schlesische Zeitung« und »Leipziger Tageblatt«), Alfred Richard Meyer (»Neue Freie Presse« und in Vertretung Queris auch für das »Berliner Tageblatt«), Karl Rosner (»Berliner Lokalanzeiger«), Dr. Adolf Köster[20] (sozialdemokratische Zeitungen wie »Vorwärts«), Dr. Max Osborn (Zeitungen des Ullstein Verlags, darunter »Berliner Zeitung« und »Vossische Zeitung«) sowie der in München lebende Eugen Kalkschmidt (»Frankfurter Zeitung«).

Eugen Kalkschmidt (1874–1962) hat diese Zeit in seinen ungedruckten Erinnerungen im Kapitel »Kriegsberichterstatter im Großen Hauptquartier« beeindruckend festgehalten:

»Die Formation der Kriegsberichterstatter gehörte zur Abteilung IIIb des Generalstabes, der das gesamte Nachrichtenwesen und die Spionage – genauer: die Spionage-Abwehr unterstand. [...] Die Verbindung von Presse und Spionage erwies sich für uns nicht gerade förderlich. Denn obwohl wir als Vertrauenspersonen der Heeresleitung und als Vertreter der öffentlichen Meinung ein Ehrenamt ausübten, das eigentlich über jeden Verdacht eines Missbrauchs erhaben sein sollte, wurden wir doch von gewissen militärischen Kreisen als halbe Spione angesehen und von unserer eigenen Zensurstelle geheim überwacht.«[21]

Auch bei den Frontsoldaten standen die Kriegsberichterstatter »im Rufe der Schlachtenbummler, die keine Ahnung hatten von den Dingen, über die sie orakelten. Und selbst wenn sie Bescheid wussten, was vor sich ging oder geplant wurde, so durften sie es nicht an die große Glocke hängen, denn die Zeitungen standen ja unter strenger Zensur.«[22]

Die durch die Militärzensur bedingten einseitigen Berichte der Kriegsberichterstatter waren für viele kritische Beobachter des Kriegsverlaufs in der Heimat ein großes Ärgernis. Auch der Münchner Schriftsteller und Journalist Erich Mühsam thematisiert dies in seinen Tagebüchern immer wieder. Im Eintrag zum 26. Mai 1916 analysiert er einige Artikel in der »Münchner Zeitung« vom gleichen Tag und kommt auch auf einen darin zitierten Bericht von Georg Queri zu sprechen:

»›Der Kriegsberichterstatter des ›Berl[iner] Tagebl[attes]‹ Georg Queri meldet über das Ringen von Douaumont unterm 25. Mai: Es ist bekannt, dass die Franzosen am 22. gegen das Fort Douaumont Fortschritte machten, die uns zwangen, unsre Linien zurückzunehmen ...‹ Bekannt ist das nur durch die französischen amtlichen Berichte. Bekanntlich soll man ja aber nur glauben, was die Deutschen berichten. Da die jedoch Misserfolge bekanntlich nicht berichten, hat man die, wenn sie zum Zwecke der Bekanntmachung neuer Siege nachträglich nicht ignoriert werden können, als bekannt anzunehmen. Publikum setzt bekanntlich alles als bekannt voraus, was ihm von oben als bekannt importiert wird. Bemäntelungen gibt es bekanntlich bei uns nicht. [...] Es wäre eine Kleinigkeit, derartige Zusammenstellungen aus jeder einzelnen Nummer desselben oder irgendeines andern Blattes seit Kriegsbeginn vorzunehmen. Das könnte ein reizendes Kulturdokument werden. Aber wer traut sich in den Schweinestall hinein?«[23]

Eugen Kalkschmidt hat in seinen Erinnerungen im Kapitel »Kollegen, Kameraden und andere Leute« dem kleinen Kreis der Kriegsberichterstatter ein bleibendes Denkmal gesetzt, darunter auch Georg Queri:

»Das zweite Original unserer Formation war Georg Queri. Als Nachfolger Kellermanns am Berliner Tageblatt hatte der Oberbayer bei seinen intellektuell anspruchsvollen Lesern einen schweren Stand, aber er füllte ihn aus, mit der unbekümmerten urwüchsigen Vitalität, die ihm eigen war. [...] Mit seinem kugelrunden Kopfe, in dem ein paar bauernschlaue lustige Augen saßen, erinnerte Queri an eine Breughelfigur. Klein und stämmig hinkte er eines Tages in unseren Kreis, um alsbald durch seinen derben Humor die Geister zu bewegen. Sein schweres Hüftleiden, das er sich in jungen Jahren durch einen Sturz beim Turnen zugezogen hatte, bekämpfte er siegreich durch den Konsum unzähliger k. u. k. Zigaretten und durch starke Getränke. Wenn sein Zustand ihn mit Fieber aufs Lager warf, was regelmäßig alle paar Wochen eintrat, operierte er sich mit seinem stattlichen Knickmesser, dem ›Wampenstupfer‹, die eiternden Knochensplitter höchst eigenhändig aus der Bauchhöhle. Im Umsehen stand er danach wieder munter auf den Füßen und erzählte mit Stolz von seinen zahlreichen gelungenen Operationen. Weh dem, der sie anzuzweifeln wagte! Dann zückte Queri zunächst seinen durch Wurst, Käse und Radi vielfach bewährten Knicker, um ihn dem Zweifler unter die Nase zu halten. Wenn das nicht fruchtete, entzündete er seinen ›Flammenwerfer‹, einen riesigen Benzintank, und entblätterte als letzten Trumpf seine von vielen Narben zerfetzte Bauchhöhle. Triumphierend genoss er alsdann den ehrlichen Schock seiner Zuschauer!

Man konnte in Zweifel sein, wie ein körperlich so behinderter Kamerad unseren immerhin anstrengenden Dienst mit seinen Fußmärschen durch unwegsames Gelände packen würde. Doch da kamen wir bei Queri an den Unrechten! Er hatte Schneid, in jeder Beziehung, auch sich selbst gegenüber. Er ertrug alle Strapazen mit einer sieghaften Fröhlichkeit, die ihm mein ganzes Herz gewann. Ihm konnte nichts gelegener kommen als ein Besuch bei einer Division, die an gefährdeter Stelle im Kampfe lag und eigentlich gar keinen ›Zivilbesuch‹ brauchen konnte. Doch wenn ihm eine solche Gelegenheit nur von fern winkte, und womöglich durch eine bayerische Truppe, die besser als jede andere mit echtem Bier versorgt war, dann begab sich der Queri-Girgl ungesäumt auf große Fahrt, von der er erst wieder auftauchte, wenn es gar nicht mehr anders ging – will sagen: wenn eine neue Operation mit dem ›Wampenstupfer‹ fällig war. So verhielt er sich beispielsweise in den Verdun-Kämpfen lange Wochen vor dem hart umstrittenen ›Toten Mann‹ bei seinen Bayern, die ihren Spezial-Korrespondenten am liebsten gar nicht mehr fortgelassen hätten – zum größten Ärger unseres Zensors, der jeden Frontbesuch zu befristen hatte und nun vergebens auf Queris ›Heimkehr‹ ins Hauptquartier wartete.

Aber darum kümmerte sich dieser Durchgänger herzlich wenig. Er schrieb im Unterstand der vordersten Linie seine Berichte ebenso lebendig wie im Stabsquartier der Division. Berichte in echt bayrischen Volkston, der sich im Berliner Tageblatt oft recht seltsam ausnahm, jedoch im Felde wie in der Heimat gern gelesen wurde. Denn diese Schilderungen waren echt, ohne falsches Pathos; aus ihnen sprach die Zuversicht der Front, und der Humor der ›Frontschweine‹. Die wirkliche Volksstimme kam hier zu ihrem Recht, mit dichterischem Instinkt belauscht und zur gültigen Form erhoben. Das fühlte der Mann im Graben wie sein Kommandeur, und darum freuten sie sich einträchtig, wenn einer wie Queri kam und ihre Leistung würdigte.«[24]

Der kleine Kreis von Kriegsberichterstattern hatte engen Kontakt mit den Offizieren der Abteilung III b des Generalstabes mit Major Walter Nicolai an der Spitze, wobei auch der gesellige Teil mit regelmäßigen Essen und ausgiebigen Trinkgelagen im Kasino trotz des Kriegs nicht zu kurz kam. Von einem besonderen Essen der Kriegsberichterstatter mit ranghohen Offizieren im Großen Hauptquartier am 1. April 1916 ist im Nachlass von Georg Queri sogar die »Speisenfolge« überliefert: »Gebackener Schellfisch mit Kartoffelsalat – Schinken in Burgunder mit Gemüsen – Käseplatte«. Auf der Rückseite der Speisekarte ist die Sitzordnung der Teilnehmer festgehalten: zum einen die Kriegsberichterstatter Queri, Rosner, Osborn, Kalkschmidt und ein Rittmeister a.D. Freiherr von Reden als Vertreter der k.u.k. Monarchie; zum anderen die Offiziere, der (ungenannte) Chef des Generalstabes des Feldheeres, der bayerische General(major) Eugen Zoellner, Generalmajor Gerhard Tappe, Generalquartiermeister Hugo Freiherr von Freytag-Loringhoven, Major Walter Nicolai, Oberstleutnant Hans Tieschowitz von Tieschowa und ein Rittmeister von Bunsen; der preußische Kriegsminister General Adolf Wild von Hohenborn, der sich in dieser Zeit meist im

Großen Hauptquartier aufhielt, hatte abgesagt, wie Queri handschriftlich auf der Sitzordnung vermerkt hat.

Bei einem Heimaturlaub im Sommer 1916 wurde Queri in einem anonymen Brief vom 10. August denunziert. Er hätte gesagt, »vor Verdun stehe es so schlecht [...], dass die Heeresleitung sich schon mit dem Gedanken befasst, nun Verdun aufzugeben.« Queri wurde vorgeladen, bestritt alle Vorwürfe und berief sich – laut Aktennotiz vom 18. August – »auf Exzellenz Lang in Oberammergau, mit dem er über seine Erfahrungen vor Verdun gesprochen habe, aber keineswegs auf die ihm in dem anonymen Brief in den Mund gelegte Art und Weise.«[25]

Der Vorfall blieb für Queri ohne Folgen. Vielleicht um seine Zuversicht auf einen deutschen Sieg zu bekräftigen, zeichnete auch Queri bei der V. Kriegsanleihe vom September 1916 mit 5000 Mark.[26] In Deutschland wurden zwischen 1914 und 1918 insgesamt neun Kriegsanleihen ausgegeben, die 98 Milliarden Reichsmark einbrachten und etwa 60 Prozent der deutschen Kriegskosten deckten.

Im Dezember 1916 reiste Queri vom Hauptquartier ins neutrale Holland, um in Den Haag vor dem Deutschen Flottenverein einen Vortrag zu halten.[27]

Zur Beerdigung seines gleichnamigen Vaters, der am 31. Dezember 1916 im Alter von 73 Jahren gestorben war, fuhr Queri nach Starnberg. Am 22. Januar 1917 meldete er der Mutter Pauline in einem Brief seine gute Wiederankunft an der Westfront und schickte einen »Gruß an den Vater ins Grab«.

Am 17. Mai 1917 konnte Queri der Mutter stolz mitteilen: »Heut hab ich das Eiserne Kreuz zugesandt erhalten und zwar am Kriegsband.«[28] Eugen Kalkschmidt schreibt in seinen Erinnerungen, dass das »Eiserne Kreuz am Friedensbande (!)« auf Veranlassung von Generalfeldmarschall Paul von Hindenburg allen Kriegsberichterstattern zuteil geworden ist.[29] Es handelte sich dabei um das Eiserne Kreuz am weißschwarzen Bande, das für Nichtkombattanten gedacht war. Im Laufe des Ersten Weltkriegs kam der pejorative Name »Schieberkreuz« auf, da es sich bei den Empfängern häufig um Personen aus der Rüstungsindustrie oder der Logistik handelte.

Queri hielt sich im Mai zu einem »Krankenurlaub« wieder in der Heimat auf (der Brief an die Mutter vom 17. Mai ist schon in Oberammergau ausgestellt). Gleich bei seinen ersten Einsätzen an der Westfront im Herbst 1914 hatte sich Queri einen großen Leistenbruch und drei Brüche in der Nabelgegend zugezogen (»ich holte mir diese Sachen im Graben von Flirey«[30]). Die lange aufgeschobene Operation fand endlich am 2. Juni 1917 im Münchner Krankenhaus rechts der Isar statt. Nach einem Erholungsurlaub in Oberammergau, einer kleinen Rundreise nach Landshut und Burghausen sowie einem Besuch bei der Mutter in Starnberg war Queri am 1. Juli wieder »im Feld«.[31]

Bereits am 26. Juli 1917 trat Queri im Theater in Charleville bei einem »Heiteren Kriegsabend« (so die Ankündigung auf einem Plakat) auf und las aus eigenen Werken.[32]

Doch bald mehrten sich in Queris Korrespondenz die Anzeichen, dass er die »Berichterstatterei satt«[33] hatte. Am 27. September 1917 beklagte sich Queri in einem Brief an Theodor Wolff, den Chefredakteur des »Berliner Tageblatts«, über Streitereien mit den Offizieren im Kriegspressequartier, über die vielen Reisen zur Informationssammlung und über die großen Zensurschwierigkeiten der Front. Da die Naht seines Leistenbruchs nicht hielt, beantragte er erneut Urlaub (»Und außerdem läuft man nicht ungestraft mehr als drei Jahre in Kriegslanden herum.«). Ein Streit mit dem Rittmeister von Bunsen im Kriegspressequartier, der Queri als Mörder seines Hundes beschuldigt hat (»aber mich hat er weggeeckelt«[34]), und seine gesundheitliche Verfassung zwangen Queri letztlich, den Dienst als Kriegsberichterstatter zu quittieren. Am 19. November 1917 schrieb Queri aus Oberammergau an Eugen Kalkschmidt, der noch bis August 1918 in Charleville bleiben sollte, rückblickend über seine Zeit als Kriegsberichterstatter: »Eigentlich ist's schade – ich wäre gern dabei geblieben. Aber es war körperlich nicht mehr zu machen und außerdem hatte mich der Fall Bunsen eben doch um die Begeisterung gebracht, die nötig ist.«[35] Über Bunsen schrieb Queri unter Hinweis auf sein fünftes Kriegsbuch »Der bayerische Watschenbaum« noch einen Monat später: »Ich wünsche dem Herrn nicht, meine bayrischen Plätze zu kreuzen. Der bayrische Watschenbaum wächst überall.«[36]

Ganz offiziell wurde dieses Kapitel in Queris Leben mit einem Schreiben von Major Witte, dem Nachrichtenoffizier bei der Obersten Heeresleitung, aus Charleville am 30. Dezember 1917 beendet:

»Durch Verfügung vom 28.12.1917 sind Sie aus der Liste der Kriegsberichterstatter gestrichen und als solcher ausgeschieden.«[37] Immerhin drückte der Offizier in einem kleinen Zusatz noch sein Bedauern über Queris Leiden aus und dankte ihm für seine Dienste.

Die Erinnerungen an die Zeit als Kriegsberichterstatter wurden aber weiterhin durch die fortlaufende Korrespondenz mit Eugen Kalkschmidt wachgehalten, die etwas vom Treiben Queris in Charleville erahnen lassen: »Ihr Andenken im Kasino heiter, aber von Zeit zu Zeit arg beschattet von unbezahlten Rechnungen für drei Monate, und unaufgeklärten Weinrechnungen.«[38]

Zuletzt holte Queri seine Zeit als Kriegsberichterstatter wieder heim, als ihn sein Kollege Wilhelm Scheuermann in mehreren Briefen von August bis Oktober 1919 über seinen Pressestreit mit der von Siegfried Jacobsohn herausgegebenen Zeitschrift »Die Weltbühne« informierte. In mehreren Artikeln waren gegen Scheuermann Vorwürfe wegen seiner alldeutschen Berichterstattung und auch wegen Bereicherung in Frankreich erhoben worden.[39] Queri antwortete Scheuermann noch scherzhaft, dass nun wohl alle Kriegsberichterstatter die Auslieferung an Frankreich befürchten müssten.[40] Doch Eugen Kalkschmidt hat sich in seinen Erinnerungen rückblickend ebenfalls kritisch über Scheuermann (mit »seinen imperialistischen Ansprüchen und nationalistischen Phantasien«) geäußert: »Leider hat er durch den leichtfertigen Optimismus seiner Berichte das meiste dazu beigetragen, um die ganze Tätigkeit der Kriegsberichterstatter zu diskreditieren. Die berechtigte Kritik der ›wackeren Feldgrauen‹ gegen Scheuermanns Hymnen fand ihr schrilles Echo daheim und weckte eine überaus scharfe öffentliche Kontroverse, die sich bis in die Tage nach dem Krieg hinauszog.«[41]

6. Weitere Kriegsbücher von Georg Queri (1916/17)

Im Januar 1916 erschien im Berliner Verlag der »Lustigen Blätter« des gebürtigen Wiener Verlegers Dr. Otto Eysler (1861–1927) Georg Queris zweites Kriegsbuch: »Ja, die Bayern … Heitere Geschichten aus dem Westen«. Es war reich illustriert von Künstlern wie Walter Trier und Heinrich Zille, die auch für die »Lustigen Blätter« arbeiteten, eine Zeitschrift, die während des Ersten Weltkriegs auch als Kriegsnummern bzw. Kriegsalben (z.B. 1914: Nr. 1–18) herausgegeben wurde. Das Büchlein wurde in hoher Auflage gedruckt bzw. immer wieder nachgedruckt (zuletzt 30000 Exemplare) und kostete nur 1 Mark. In einem Verlagsprospekt wurde die Neuerscheinung so angekündigt: »zur Erheiterung in ernster Zeit und als ›Liebesgabe‹ für unsere Feldgrauen besonders empfehlenswert!«

Wegen des großen Erfolges ließ der Verleger Eysler gegen Ende des Jahres 1916 ein weiteres Kriegsbuch von Georg Queri folgen: »Die hämmernde Front. Heldenkämpfe vor Verdun«. Spätere Auflagen (zuletzt 15000 Exemplare) hatten den Untertitel »Kriegsbericht von Verdun und von der Somme«. Von den 17 Geschichten waren bereits fünf als Artikel im »Berliner Tageblatt« erschienen und wurden hier zweitverwertet. Doch die Begeisterung für solche Bücher ließ anscheinend nach. In einem Schreiben vom 31. Januar 1917 rechnet Eysler Queri vor, dass von »Ja, die Bayern« bereits 20000 Exemplare verkauft seien, von der »Hämmernden Front« jedoch nur 4000. In bestimmten Kreisen fand das Buch jedoch noch immer großen Anklang. Neben Dankschreiben vom deutschen Kronprinzen Friedrich Wilhelm und vom bayerischen Kronprinzen Rupprecht vom Februar 1917 sei hier der Brief des Münchner (zweiten) Bürgermeisters Otto Merkt an Queri vom 2. März 1917 erwähnt. Er bedankt sich ebenfalls herzlich für das Buch, erinnert an die Begegnung mit Queri in Charleville und schreibt dann folgende aufschlussreiche Zeilen: »Sie haben das Glück, noch draußen sein zu dürfen und das zweite Glück, dass Sie wie ganz wenige Menschen in diesem Kriege eine Fülle, ja wohl das Höchstmaß von Eindrücken und Erlebnissen in sich aufnehmen, wie sie in solcher Zahl wohl keinem Frontsoldaten beschieden sind. Sie verdienen das Glück allerdings, denn Sie haben auch die ebengroße Fähigkeit, Erlebtes, Geschautes, Gedachtes und Gefühltes anderer Menschen nacherleben, nachschauen, nachdenken und nachfühlen zu lassen. So werden Sie für diejenigen, die zuhause aushalten müssen, der Vermittler der großen Zeit und ihrer großen Erlebnisse.«[42]

Im Juni 1917 kam Georg Queris viertes Kriegsbuch heraus, diesmal im Verlag Duncker in Weimar: »Wanderbuch vom blutigen Westen«. Von den 33 Geschichten waren fünf bereits im »Berliner Tageblatt« erschienen. Auch dieses Buch durchlief wie alle Bücher eine Prüfung bei der Oberzensurstelle beim Kriegspresseamt.[43] Nach Revolution und Rätezeit musste der Inhaber des Duncker Verlags, Dr. Kellermann, in einem Brief an Queri vom 14. Juni 1919 den »Misserfolg unseres Kriegsbüchleins« konstatieren, »das vorläufig durch die Ereignisse kaltgestellt ist (hoffentlich kehrt seine Zeit noch einmal wieder).«[44]

Ebenfalls im Juni 1917 brachte der Ullstein Verlag in Berlin in seiner »Ullstein-Bücherei« Georg Queris fünftes Kriegsbuch heraus: »Der bayrische Watschenbaum« mit neun »heiteren Kriegsgeschichten«. Sein Freund und Schriftstellerkollege Ludwig Thoma, der in dieser Zeit mit Durchhalteparolen, Aufrufen zum Zeichen von Kriegsanleihen und offener Unterstützung der Deutschen Vaterlandspartei in Erscheinung trat, lobte Queris neueste Publikationen: »Ihr Watschenbaum und die Wanderer im blutigen Westen (Titel nicht gut) haben mir große Freude gemacht; ich weiß auch, dass viele das Gleiche empfinden.«[45] Bis Ende 1918 wurden von dem handlichen Büchlein immerhin noch 22 000 Exemplare verkauft.[46]

Neben den fünf Kriegsbüchern Queris sind im Zusammenhang mit dem Ersten Weltkrieg noch drei Textbeiträge Queris zu erwähnen, die in dem Ende 1917 vom Bayerischen Landesverein für Heimatschutz herausgegebenen Jahresband »Bayrischer Heimgarten 1918/1919« veröffentlicht wurden: »Bayrische Kriegsgschichtln« (S. 72–74), »Mutter tu halt nicht greinen«, ein von Paul Neu farbig illustrierter Bilderbogen auf das Jahr 1918 (zwischen S. 74 und 75) sowie »Haberfeldtreiben für die ganze Welt und noch drei Häuser/Anno domini 1917« mit Bildern ebenfalls von Paul Neu (S. 117–125).

7. Redakteur bei der Zeitschrift »Jugend« (1918/19)

Nach seiner endgültigen Rückkehr von der Westfront suchte Queri nach neuen Aufgaben und Verpflichtungen. Noch als Kriegsberichterstatter hatte er ja gute Kontakte zu Berliner Zeitungsverlagen aufgebaut und sein »Watschenbaum« war ja bereits bei Ullstein erschienen. Ludwig Thoma warnte ihn schon in seinem bereits öfters zitierten Brief vom 26. September 1917: »Solche bodenständigen Radi gehören nicht in den märkischen Sand. Gehen Sie nicht nach Berlin in den

Dienst dieser Presse. Das Heimweh bringt sie um und was Sie auf einer Seite mehr kriegen, verlieren Sie auf der andern. Spekulieren ist nichts für unsereinen; die Heimath zahlt uns tausendfältig zurück, was wir ihr nur scheinbar opfern. Und die Fremde zehrt uns aus; besonders der Frondienst, der mit Unlust geschieht. Daheim aber wird alles doch einmal zur Frucht; auch das Unscheinbarste hilft uns. Wir empfangen ein Gebot, ohne zu wissen woher. Ich habe in Berlin keine 10 Zeilen schreiben und war doch frei.«[47]

Queri begann ab Januar 1918 zunächst wieder in München für die Zeitschrift »Jugend« zu schreiben (Nr. 4 vom 21. Januar 1918: »Münchner Tankparade«). Doch erst in Nr. 13 vom 25. März 1918 wird Queri im Impressum als gleichberechtigtes Redaktionsmitglied genannt neben Fritz von Ostini, Albert Matthäi, Franz Langheinrich, Karl(chen) Ettlinger und Carl Franke.

Dennoch brach Queri seine Kontakte nach Berlin nicht ab. Am 13. März 1918 reiste er in die Hauptstadt, um im Auswärtigen Amt wegen bayerischer Propagandaangelegenheiten zu verhandeln.[48] Schon im Zug erkrankte Queri und wurde fantasierend vom Anhalter Bahnhof in die Charité eingeliefert. Die erste Diagnose »eines sehr jugendlichen Arztes« war »schweres Trinkerdelirium«, doch eine Oberschwester erkannte sofort die akute schwere Lungenentzündung, die nach vier Wochen Krankenhausaufenthalt auskuriert wurde.[49] Nach seiner Entlassung widmete Queri der Oberschwester eigenhändig ein Exemplar seines »Bayrischen Watschenbaums«: »Dem lieben braven Schwesterl Susi Seißler mit allzeit herzlichstem Dank und allerhand seltsamen Erinnerungen aus der gruseligen Berliner Charitézeit, Berlin 2. April 1918.«[50]

Queri nutzte die Zeit nach seiner Wiedergenesung in Berlin noch für Sondierungsgespräche im Ullstein Verlag wegen einer Mitarbeit bei der »Vossischen Zeitung«. Eine feste Arbeit als Münchner Korrespondent scheint aber erst im August 1918 zustande gekommen zu sein, denn Stefan Großmann von der Feuilleton-Redaktion spricht in einem Brief an Queri vom 27. August 1918 von den »Flitterwochen ihrer Mitarbeiterschaft«. Bereits im November 1918 trennte sich die Zeitung wieder von Queri.

Daneben setze sich Queri im August 1918 stark und erfolgreich dafür ein, dass sein ehemaliger Kriegsberichterstatter-Kollege Eugen Kalkschmidt die ausgeschriebene Stelle als Hauptschriftleiter bei der Zeitschrift »Jugend« erhielt.[51] In Nr. 42 vom 14. Oktober 1918 ist Kalkschmidt erstmals in dieser Funktion im Impressum genannt und arbeitet nun wieder mit Georg Queri zusammen.

Queri veröffentlichte in der Zeitschrift »Jugend« im Jahr 1918 38 Beiträge und im Jahr 1919 20 Beiträge, darunter viele Glossen, zeitkritische Kommentare, Gedichte und Schnaderhüpferl oder auch Witze unter seinem Namen, unter den Kürzeln »G.Qu.« oder »Qu.« sowie unter den Pseudonymen »Xaverl« und »Starnberger«.[52]

Zum letzten Mal wird Queri in Nr. 40 vom 30. September 1919 als Redakteur genannt.[53] Ab Nr. 41 vom 7. Oktober 1919 ist Eugen Kalkschmidt allein verantwortlicher Hauptschriftleiter.

Zu diesem Zeitpunkt hatte sich Queris Gesundheitszustand erneut verschlechtert. Am 2. November wurde Queri ins Münchner Krankenhaus links der Isar eingeliefert. Trotz einer Operation von Prof. Sauerbruch starb Queri am 21. November 1919 an den Folgen einer Blutvergiftung und einer doppelten Lungenentzündung.

Die Redaktion der Zeitschrift »Jugend« veröffentlichte in Nr. 50 vom 9. Dezember 1919 in einem schwarz eingerahmten Kasten einen kleinen Nachruf:

»Georg Queri – geb. 30. April 1879; gest. 21. Nov[ember] 1919 – Abermals hat der Tod eine Lücke in den engeren Verband der ›Jugend‹ gerissen; unser lieber Kamerad Georg Queri ist von einem schweren Leiden erlöst worden, das ihn seit Jahren in immer kürzeren Abständen aufs Krankenlager warf. Ungebrochen durch diese schmerzhaften Heimsuchungen erhielt er sich und den zahlreichen Freunden seinen unverwüstlichen und sieghaften Humor. Unsere Leser kennen Queris mannhafte bajuwarische Eigenart, die er auch unter den Decknamen Xaverl und Starnberger mit schlagfertigem Witz besonders in unserem aktuellen Teil durch Zeitgedichte und Glossen bestätigte. Wir beklagen, dass seinem fruchtbaren Schaffen ein so kurzes Ziel gesteckt war und werden sein Andenken treu bewahren.«

Ein anderer Nachruf von Emil Herold würdigte ausführlicher Queris Leben und Werk und geht dabei auch auf Queris Kriegsbücher ein:

»Seine Schilderungen aus dem Krieg, die in einigen Kriegsbüchern (»Kriegsbüchl aus dem Westen«, »Die hämmernde Front« und »Ja, die Bayern«) erschienen sind, waren anerkannt die besten auf diesem Gebiet. Gerade Queri hat die Gabe gehabt, sich in das Fühlen und Denken der kleinen Leute hineinzufinden; seine Kriegssachen sind auch von den Leuten draußen im Graben oder im Lazarett gelesen worden. Und mit welcher Freude und Begeisterung! Die Erfahrungen des Kriegs haben ihn, ohne ihm den angeborenen herrlichen Humor zu nehmen, ausreifen lassen. [...] Wir durften noch manches reife Werk von ihm erwarten. Grausam hat ihn der Tod aus seinen Plänen gerissen. Und mit Georg Queri ist auch ein lieber, lustiger Mensch von uns gegangen. Urwüchsig, originell, so ganz ein Eigner wie er in seinen Werken gewesen, so war er als Mensch. Ein guter Kamerad, offen, bis zur Derbheit offen, ein glänzender Erzähler, schlagfertig und übersprudelnd von leichtlebigem Humor, seelengut, aber allem Unwahren und Unnatürlichen ist er mit der mutigen Rauflust zu Leine gegangen, die eine der Charaktereigenschaften des altbayerischen Stammes ist.«[54]

Zum Umschlagbild

Das Umschlagbild »Berittener Soldat requiriert zwei Kühe« stammt von dem Münchner Grafiker und Reklamekünstler Ludwig Hohlwein (1874–1949) und gehört zu der achtteiligen Postkartenserie »Soldaten im Feld« aus dem Jahr 1915. Die Farboffset-Karten wurden bei der F. Bruckmann AG., München gedruckt und erschienen im Kunstverlag Heinrich Cohen jr. in München.[55]

Auf S. 176 ist eine Werbeanzeige des Verlags Velhagen & Klasing abgedruckt.

Anmerkungen

1 Online-Edition aller Jahrgänge der Zeitschrift unter: http://www.jugend-wochenschrift.de (zuletzt geöffnet am 15. März 2014).

2 Das zweite dieser Kriegstagebücher hat sich in Queris Nachlass erhalten, der sich noch in Privatbesitz in Starnberg befindet (Aufschrift von der Hand Queris: »II: Metz, begonnen 18.11.1915«).

3 Brief im Nachlass Queri.

4 Vgl. das Exemplar (3. Auflage, ebenfalls noch 1915) im Bayerischen Hauptstaatsarchiv, Abt. IV (Kriegsarchiv), Bibliothek Nr. 12473.

5 Vgl. Georg Queri: Bayrisches Komödiebüchl. Gegen böse Stunden und die lange Weil geschrieben, Diessen vor München 1918 (Verlag Josef C. Huber). – Neuausgabe mit einem Nachwort von Michael Stephan im Rahmen der Werkausgabe im Allitera Verlag, München 2010.

6 Vgl. Michael Stephan (Hg.): Georg Queri 1879–1919. Journalist, Schriftsteller und Volkskundler aus Oberbayern. Ein Lesebuch, München 2002, S. 89ff. (»Oberammergau – Literaturstreit mit Lion Feuchtwanger«).

7 Brief (und auch der Antwortbrief vom 23. April 1918) im Nachlass Queri.

8 Die Universitätsbibliothek Heidelberg hat mit Unterstützung der Landesarchivdirektion Baden-Württemberg 19 ihrer Feldzeitungen aus der Zeit des Ersten Weltkriegs digitalisiert und mikroverfilmt, darunter auch »Daheim« (http://www.ub.uni-heidelberg.de/helios/digi/feldzeitungen.html; zuletzt geöffnet am 15. März 2014).

9 Hier die Beiträge im Überblick: Dinge am Kriegsrand. In: Daheim, 51. Jahrgang, Nr. 25 (= 33. Kriegsnummer) vom 20. März 1915 (im Inhaltsverzeichnis unter »Aufsätze zur Zeit« subsummiert). – Dinge am Kriegsrand VI. In: Daheim, 51. Jahrgang, Nr. 27 (= 35. Kriegsnummer) vom 3. April 1915 (Beiträge mit der Nummerierung II bis V fehlen bzw. Fehlzählung). – Dinge am Kriegsrand VII. In: Daheim, 51. Jahrgang, Nr. 28 (= 36. Kriegsnummer) vom 10. April 1915. – Dinge am Kriegsrand VIII. In: Daheim, 51. Jahrgang, Nr. 29 (= 37. Kriegsnummer) vom 17. April 1915. – Dinge am Kriegsrand IX. In: Daheim, 51. Jahrgang, Nr. 31 (= 39. Kriegsnummer) vom 1. Mai 1915. – In den Côtes Lorraines. In: Daheim, 51. Jahrgang, Nr. 52 (= 60. Kriegsnummer) vom 25. September 1915. – Les petits oiseaux de France. In: Daheim, 52. Jahrgang, Nr. 7 (= 67. Kriegsnummer) vom 13. November 1915. – Blätter aus meinem Kriegstagebuch. In: Daheim, 52. Jahrgang, Nr. 13 (= 73. Kriegsnummer) vom 25. Dezember 1915 (Queri berichtet hier von zehn Tagen Urlaub in München). – Aus meinem Metzer Tagebuch. In: Daheim, 52. Jahrgang, Nr. 14 (= 74. Kriegsnummer mit der Titelzeichnung »Durchhalten!« von Julius Diez) vom 1. Januar 1916.

10 Vgl. Le p'tit Piou-Piou. In: Velhagen & Klasings Monatshefte, 29. Jahrgang (1914/15), S. 552–555. – Daheim die Mädchen. Ein Lied in süddeutschem Sol-

datenton. In: Velhagen & Klasings Monatshefte, 30. Jahrgang (1915/16), S. 34.

[11] Ernst Liebermann (1869–1960) war ein deutscher Maler, Grafiker und Illustrator, der auch für die Zeitschrift »Jugend« arbeitete.

[12] Brief im Nachlass Queri.

[13] Exemplar im Bayerischen Hauptstaatsarchiv, Abt. IV (Kriegsarchiv), BS III/23–35.

[14] Alice von Oven: Ehefrau des Generals Adolf von Oven, des Gouverneurs von Metz.

[15] Handzettel im Nachlass Queri.

[16] Vgl. Brief im Nachlass Queri.

[17] Queri hat dann auch als Kriegsberichterstatter gerne sein erstes Kriegsbuch verschenkt; vgl. Widmung auf einem im Januar 2014 im Zentralverzeichnis antiquarischer Bücher angebotenen Exemplar: »Der Verfasser erlaubt sich Herrn General von Nagel dies Büchl zu überreichen. Gr(oßes) H(aupt) Qu(artier) im Mai 1916. – Georg Queri«.

[18] Seit 1907 arbeitete Kurt Tucholsky für die humoristische Zeitschrift »Ulk«, die ab 1913 als regelmäßige Wochenbeilage zum »Berliner Tageblatt« erschien. Vom Dezember 1918 bis zum April 1920 war Kurt Tucholsky Chefredakteur der Beilage »Ulk«.

[19] Bayerisches Hauptstaatsarchiv, Abt. IV (Kriegsarchiv), Stellv. General-Kommando. III. b. A. K. Nr. 199. – Liste auch in: Stellv. General-Kommando. I. b. A. K. Nr. 1737.

[20] Der Sozialdemokrat Köster (1883–1930) ging nach dem Krieg in die Politik und wurde u. a. Reichsaußenminister (1920) und -innenminister (1920/21).

[21] Monacensia, Literaturarchiv und Bibliothek München, EK M 15: Erinnerungen »Vom Memelland bis München«, II. Teil, ungedruckt, 127 Seiten mit hss. Korrekturen; Kapitel »Kriegsberichterstatter im Großen Hauptquartier«, S. 66–81, hier S. 68. – Der erste gedruckte Teil der Erinnerungen Kalkschmidts erschien unter dem gleichen Titel 1948 in Hamburg-Bergedorf.

[22] Ebd., S. 62.

[23] Tagebucheintrag von Erich Mühsam in Heft 17, 26. Mai 1916. Aus: Erich Mühsam: Tagebücher Band 5 (Heft 16, 17), 1915–1916, Berlin 2013. (Online-Edition: http://www.muehsam-tagebuch.de; zuletzt geöffnet am 15. März 2014).

[24] Kapitel »Kollegen, Kameraden und andere Leute«: wie Anm. 21, S. 82–92, hier S. 88–90.

[25] Bayerisches Hauptstaatsarchiv, Abt. IV (Kriegsarchiv), Stellv. General. Kommando, I. Armee-Korps, Nr. 1660 (Akt »Überwachung verdächtiger Personen«).

[26] Im Nachlass Queri finden sich Abrechnungsunterlagen der Münchner Filiale der Bank für Handel und Industrie vom 18. Oktober 1916.

[27] Vgl. Artikel »Georg Queri in Holland« im »Berliner Tageblatt« vom 16. Dezember 1916.

[28] Brief im Nachlass Queri.

[29] Wie Anm. 21, S. 88.

[30] Brief von Georg Queri aus dem Krankenhaus an Major Witte in Charleville, 11. Juni 1917 (Nachlass Queri).

[31] Ebd.

[32] Vgl. Nachlass Queri; siehe Abbildung bei Stephan (wie Anm. 6), S. 236.

[33] Ludwig Thoma aus Rottach-Egern an Queri, 26. September 1917 (Nachlass Queri).

[34] Monacensia, Literaturarchiv und Bibliothek München, EK B 86: Queri an Kalkschmidt, 15. Dezember 1917.

[35] Ebd.; in diesem Brief vom 19. November 1917 schreibt Queri auch: »Thoma (Ludwigl) ist gestern in's österr[eichische] Kriegspressequartier abgereist und wird, wie er mir sagte, kriegsberichterstatterln.«

[36] Queri aus Oberammergau an Kalkschmidt, 15. Dezember 1917 (Nachlass Queri).

[37] Nachlass Queri.

[38] Wie Anm. 34, Brief Kalkschmidt an Queri, 5. Mai 1918.

[39] »Der Fall Scheuermann« ist in folgenden Ausgaben dokumentiert: Nr. 30 vom 17. Juli 1919, Nr. 33 vom 17. August 1919, Nr. 37 vom 4. September 1919 und Nr. 38 vom 11. September 1919. – Die Zeitschrift ist digital zugänglich unter: http://de.wikisource.org/wiki/Die_Schaubühne_-_Die_Weltbühne (zuletzt geöffnet am 15. März 2014).

[40] Vgl. Nachlass Queri.

[41] Wie Anm. 21, S. 87.

[42] Alle Briefe im Nachlass Queri.

[43] Vgl. Schreiben Duncker Verlag an Queri, 30. April 1917 (Nachlass Queri).

[44] Brief im Nachlass Queri.

[45] Wie Anm. 33.

[46] Korrespondenz des Verlags mit Queri (im Nachlass Queri).

[47] Wie Anm. 33.

[48] Vgl. Bayerische Staatsbibliothek Cgm 8005a: Brief Queris an Hauptmann Bernhard Rust, 18. April 1918. Dort auch die genauen folgenden Angaben zum Krankheitsverlauf.

[49] Vgl. dazu auch den Brief von Otto Eysler aus Berlin an Pauline Queri, die Mutter des Schriftstellers, 16. März 1918.

[50] Den Hinweis auf dieses in einem Katalog des Antiquariats Eberhard Köstler in Tutzing angebotene Widmungsexemplar verdanke ich dem Queri-Sammler und -Kenner Dr. Manfred Kistler aus Mainburg.

[51] Wie Anm. 34: Vgl. Brief an Kalkschmidt, 17. August 1918 (mit Briefkopf der »Jugend«).

[52] Zu Queris Rolle während der Revolution und Rätezeit vgl. das Kapitel »Georg Queri und die Politik (1918 / 19)« bei Stephan (wie Anm. 6), S. 208–220.

[53] Wie Anm. 34: Vgl. Brief Queris aus Starnberg an Kalkschmidt wegen Niederlegung der Redakteursstelle, 18. Oktober 1919.

[54] Emil Herold: Georg Queri. In: Bayerland 31. Jahrgang (1919/20), 2. Dezember-Heft 1919, S. 21.

[55] Vgl. Beschreibung der Postkartenserie bei: Volker Duvigneau und Norbert Götz (Hg.): Ludwig Hohlwein 1874–1949. Kunstgewerbe und Reklamekunst, München 1996, S. S. 193 (im Kapitel »Militärisches und Deutschnationales 1911–1930«).

Editorische Notiz:

Georg Queris »Kriegsbüchl aus dem Westen« erschien 1915 in Bielefeld und Leipzig im Verlag Velhagen & Klasing. Das vorliegende Buch folgt dieser Ausgabe und korrigiert nur offensichtliche Druckfehler stillschweigend.